Hong Kong Stories in the Journey towards Carbon Neutrality

邁向 碳中和
香港 人和事

黃錦星 著

中華書局

目次

第三章

目次

第四章

是個人故事，
也是另一視角的香港史

　　不知甚麼時候開始，大家稱黃錦星為「星爺」，其實他年紀不大，擔任環境局局長時還未夠五十歲，也許是因為他主理的政策氣勢磅礴、說話做事又一派嚴肅認真，在當今年輕人眼中已經達到「爺」級，因而得名。

　　感謝星爺讓我早大家半步閱讀書稿，彷彿回看了香港一甲子歷史。星爺基層出身，1960 年代從深水埗侷促蝸居遷到慈雲山高處的沙田坳邨，印證早期公屋改善民生的階段；1970 年代教育普及，不分階級，機會平等，讓他順利完成中學學業；1980 年代大學擴充規模、建立資助計劃，平民百姓家也夠膽讓孩子讀大學，星爺得以入讀港大建築系，展開四十年的專業旅程；1990 年代，隨着香港社會繁榮，對生活環境漸有要求，環保意識興起，創造機會讓星爺參與興建環保公共屋邨，也促成他負笈海外、自我提升，強化綠色建築的功力；2000 年代，香港演化為國際大都會，視野與魄力跟世界接軌，2003 年沙士一役更令社會警覺建築必須重視健康宜

居，在這個有利背景下，星爺得以發揮年輕力壯優勢，藉聯繫世界在香港推廣綠色建築概念，使綠色建築儼然成為一場運動，也令星爺成為建築界的環保先鋒；2010年代，政治任命局長成為政府定制，2012年特區政府又着意找熟行的專家主理環境局，因緣際會，星爺轉換跑道當了十年局長，遇上氣候變化成為全球關注問題，由他親手把「2050年零碳排放」化為香港施政長遠目標，一石激起千重浪，香港從此不一樣。星爺數十年歷程，反映香港歷史大格局，由安居至普及教育，社會由求生存到追求美好生活，由粗放型發展到開始重視環境、氣候、自然生態等，星爺既天資聰穎又適逢其會，乃能大顯身手。

初認識星爺時，他面容嚴肅，說話不多，不易搭訕交談，但是漸漸發現他有很強的黏合力，在不同範疇跟各方合作，推動着這樣或那樣的事，而且都與環境保護拉上關係，感覺他是一個異類建築師，有些深不可測。閱讀書稿後，注意到數十年來，他不是單人匹馬搞環保，而是不斷結交朋友，擴大合作圈子，提升協同效應，殊不簡單。回頭看來，本性木訥的星爺蘊藏巨大的隱形魅力，源於對自然的真心愛護，語言簡約卻充滿誠意，不斷感染身邊的人，加上堅定的信念和堅固的恒心，逐步積累成果，並與同行者共享見識與成功感，一路走來，贏得當年老闆、廣泛專業伙伴和眾多跨界朋友的信任和支持，有以致之。這本書給人的重要信息是：做實事不用花言巧語，關鍵是用心、動手、善溝通、擁抱伙伴、契合時機。

《邁向碳中和 香港人和事》一書介紹了與星爺四十年間一同走過環保之路的眾多朋友，是另一個角度看香港歷史，早期接觸到的主要是各種專業內少數感應世界環保潮流的朋友，「環保」主要體現在與建築相關範疇，如自然採光、空氣流通、節能節材、因地制

宜等，看着書中「一伙人」的名單，發現隨着歲月推移，星爺的活動軌跡進入愈來愈廣闊的多元空間，一大群不同背景的伙伴，與他並肩作戰，工作包括政策擬訂、跨學科合作、可持續發展、源頭減廢、資源回收、生物保育、郊野保育、鄉村振興、低碳生活、找尋新的生活方式、推廣傳意、移風易俗等等，「環保」已經不只是減少污染這樣的狹窄議題，而是深究人類生活方式與自然環境惡化的關係，要求人類作出深層次改變，又重視普羅大眾的參與。喜見星爺連繫上愈來愈多年青人，顯然他們比上一代更為醒覺舊有生活方式正在損害世界和香港的未來，願意調節自己的生活方式，減少衝擊自然，以及主動做實事，共同維護人類美好的家園。讀着年輕人的故事令人感到新世代真的很愛香港，在他們身上，我們看到香港未來的希望。

感謝星爺與我們分享他的所見所聞，讓我們從多個角度回望近代香港，但願他的「一伙人」尤其是年輕的朋友，以愛護眾生之心為力量，堅持不懈，無論前途多麼險阻，都奮力守護自然、守護人類與眾生的共同家園。

林超英，SBS
香港鄉郊基金主席
前天文台台長

2024 年 5 月 11 日

環保路上起始點

　　我在 1970 年代修讀建築時，Ian McHarg 是其中一個對我影響深遠的學者，當時他將環境保護這個具爭議性的議題，引起廣泛公眾關注，他的著作 *Design With Nature*（1969 出版）將生態規劃融入景觀設計、城市規劃和公共政策，這本書對後來世界各地的環保理念和政策，包括環境評估、新社區開發、棕地恢復以及永續的設計理念，都產生了莫大的影響力。

　　1983 年我加入了香港大學建築系，當年任教一年級建築設計，主題是大埔沙羅洞的鄉郊保育和活化設計，我帶的一組有十多位同學，黃錦星是其中之一，他日後的環保之旅，始於那一步。

　　中國傳統民居建築 (traditional vernacular architecture) 是我多年來的建築學術研究範疇，啟蒙自南京工學院劉敦楨教授 1957 年出版的《中國住宅概說》；為要了解中國民居，實地考察極為重要。故此，在 1984 至 1986 年間的暑假和寒假，我和香港大

學同事張肇康老師一起帶着五、六個學生，到內地不同的偏遠鄉鎮，深入考察當地民居。黃錦星屬中堅分子，多次考察活動例必參加，三年間走訪各處，如四川羅城，雲南大理，粵東、粵北，閩南、閩西等地。適逢改革開放初期，到處所見皆是「原汁原味」、各有特色的鄉土建築，始知各地文化、氣候、原材料、風俗習慣對民居建築的影響，農村和鄉鎮經濟對人民生活和發展的重要，到處都受到當地人的盛情款待，鄉土人情味濃。

及後，黃錦星和其他四位同學於 1985 年獲香港大學、香港置地公司和柯達菲林公司支持，於中環置地廣場行人天橋舉辦了一個「廣東福建民居展覽」，透過彩色相片介紹考察成果。在 1980 年代來說，內容實屬罕見，吸引大量人士駐足觀賞，盛極一時。翌年，時任香港大學校監的尤德爵士到訪港大校園，再一次展出這批珍貴照片，他對這些富有地方特色的鄉土建築深感興趣，細問甚詳。

1988 年黃錦星的畢業設計論文，綜合了五年所學的知識，選址西貢北潭涌一所荒廢村校，將之設計改造為環境共學空間，為其日後致力推動綠色建築奠下了里程碑。

逾 40 年的情誼就是這樣建立起來。

《邁向碳中和 香港人和事》一書中，黃錦星提及大學這五年的經歷是其環保路的「原爆點」，這書「起承轉合」回顧他自 1983 年至今，人生四個階段的歷程和故事，當中記載了不同的人，和他們各自所做的不同的事，如何共同推動社會可持續發展。

2012 年黃錦星出任香港特別行政區政府環境局局長，制訂長

遠的香港氣候行動藍圖，井然有序地帶領香港逐步邁向碳中和的路向。任內亦開啟了保育偏遠鄉郊的政策，助力如荔枝窩復育、低碳本地遊等項目的推展。十年局長歷程過去，退任後，返回「原爆點」的母校執教鞭，又擔任「無止橋慈善基金」主席，為內地和香港兩地的鄉村振興出力，繼續聯合社會各界人士，合力推廣環保，努力不懈，為氣候行動作出貢獻。

《論語》有云：「仕而優則學，學而優則仕」，這句話套用在黃錦星身上是最貼切的。

龍炳頤, SBS, JP
香港大學建築學院名譽教授
香港珠海學院建築系講座教授

2024 年 5 月 5 日立夏

在字裏行間發掘尋寶

2012 年，我受當時新當選上任的香港特別行政區行政長官梁振英先生邀請考慮加入政府。在此之前，我和黃錦星只在環保相關的場合偶然碰過面，聞說他是專長環保可持續發展的建築師，並在香港綠色建築議會及相關事務中非常活躍。

2012 年 9 月，我正式上任成為新一屆的環境局副局長，伙拍時任環境局局長黃錦星近五年之久，亦與 2013 年初起成為環境局局長政治助理的區詠芷一起緊密共事。我們仨就是那一屆政府環境局中的政治任命官員，我們都是來自民間，並非公務員背景。過往我們三人在走各自的人生路，並於環保相關的不同範疇積累歷練，至其時有緣共事，成為了三人同行組，大家目標一致，任務就是要與政府各部門同事和社會各界合力提升環境質素，支持香港可持續發展。為了有效應對當時本地的重點環境挑戰，自任期初我便獲分工協助帶領空氣質素和生物多樣性等政策範疇，亦助力聚焦能源相關的政策事宜。

由於黃錦星具備綠色建築的深厚專業背景，而提升建築物的節能慳電等等又是減碳的重要手段，於是我們在任內牽頭對此範疇推動更緊密的跨部門合作。例如，2013年初，我們新設了由不同政府部門組成的推動綠色建築督導委員會，儘管眾多部門是來自發展局及其他政策局所管轄的，但見時任環境局局長黃錦星當仁不讓，挺身擔任此委員會主席，此督導委員會對內亦對外，同時作為更緊密連繫業界代表如香港綠色建築議會的平台。我們充分理解節能減碳等氣候行動工作，需要政府內外協力行動，推動綠色建築督導委員會的創立為實例之一。藉推動綠色建築督導委員會的架構，我當時積極參與其中，並虛心學習，尤其致力去深入探究節能綠建對香港低碳轉型的關鍵挑戰。這段與黃錦星在環境局共事之歷程，成就了我與眾多建築業界人士的相遇及交流合作至今的緣份。打從2017年年中卸任，我在大學繼續推動樓宇節能的工作，尤其冀望提升現有建築物的能源效益，以配合香港加快深度減碳所需。應對全球氣候變化，刻不容緩，我在不同崗位都期望持續貢獻所學，亦希望全民參與減碳，莫因善小而不為。

　　《邁向碳中和 香港人和事》一書，將這座城市的一些相關人和事紀錄下來，甚具閱讀價值。尤其，黃錦星擔任環境局局長的十年間，經歷了香港近代政治環境最動盪的年頭，並且疊加了逾三年的世紀疫情，然而在他任內多方面的環境政策仍取得進展，包括引領香港邁向碳中和。平情而論，其實得來不易。香港的政治任命官員在卸任後，記敘自身歷程的並不多，某些曾出版書籍的大致上是匯編過往刊登的專欄文章。《邁向碳中和 香港人和事》此書則展現相當的原創性，書中不同章節蘊藏黃錦星和相關一伙人對多方事宜的記憶、想法和反思等，值得大家去發掘尋寶，思考箇中道理並知而後行，包括支持香港力爭2050年前實現碳中和。

黃錦星聯同一伙人創作而成的《邁向碳中和 香港人和事》，相關章節以他別具風格的「短平快」形式，大處着眼、小處入手，講述了香港環保路上數十乃至上百位相關人物的故事以及他們所做的大小事，一般讀者會易於閱讀。若你想對環境相關事宜和政策洞悉更多，從這些字裏行間所描述的人和事中，當會有眾多發現！

陸恭蕙, SBS, JP, OBE

香港科技大學環境研究所和環境及

可持續發展學部首席發展顧問

前環境局副局長

2024 年 5 月 12 日母親節

2020 年代，碳中和 (carbon neutrality)¹ 成為全球關鍵詞。2023 年，全球暖化 (global warming) 已進而為「全球沸騰」(global boiling)！當下，氣候行動之事，刻不容緩，人人有責。

2019 年，作為時任環境局局長，我邀請可持續發展委員會與民共議，就長遠減碳策略展開全港性公眾參與。2020 年 11 月，委員會提交報告，我衷心感謝委員會主席、其轄下策略工作小組主席、委員會和支援小組成員，以及不同持份者提供意見，支持香港深度減碳。隨之，《行政長官 2020 年施政報告》宣布香港特別行政區將致力爭取於 2050 年前實現碳中和。2021 年 10 月，我代表政

---

1 《香港氣候行動藍圖 2050》指碳中和是個別地方或機構等在一定時間內，通過取代傳統化石能源、節約能源、綠色出行、惜物減廢、植樹和造林，以及購買可再生能源證書和碳交易等氣候變化減緩行動 (climate mitigation)，以減少或抵消自身活動所產生的碳排放，達至相對「零碳排放」，限制碳濃度和全球氣溫升幅。中國力爭在 2030 年前碳排放量達峯，並於 2060 年前實現碳中和。香港亦已宣布將致力爭取於 2050 年前實現碳中和。

府領軍公布《香港氣候行動藍圖 2050》，除了訂下更進取的減碳策略和措施，路線圖亦列舉了香港邁向碳中和的重點挑戰，全民參與就是其中之一。邁向碳中和是眾人之事，碳排放因衣食住行等日常生活事而起，深度低碳轉型的歷程中，人人減碳有責，當中亦有一連串人物故事值得分享。

　　1980 年代以來，全球每十年都比前一個十年更高溫。而我與香港邁向碳中和的人和事之緣份，也可從 1980 年代初說起。1980年代初我升讀大學，學習建築設計，至 1980 年代尾畢業後入職建築師事務所，並在 1990 年代初起，正式與節能綠色建築結緣。而建築環境正是本地消耗電能的最大戶，香港的發電廠又是本地最大碳排放源，故此大家日常生活中所住所用的建築物，就是低碳轉型的重點所在之一。機緣巧合，我在投身綠色建築事業時，由茵怡花園 (Verbena Heights) 的高密度環保屋苑設計和研究、香港建築師學會 (Hong Kong Institute of Architects, HKIA) 環境及可持續發展委員會以至環保建築專業議會 (Professional Green Building Council, PGBC) 的相繼創立，以及高密度居住環境的自然通風採光條例的修訂研究等事宜中，結識了眾多建造界相關的有心人，不少至今仍是至友，並且還於不同崗位繼續貢獻所長，以助力應對全球氣候變化，支持香港邁向碳中和。

　　2000 年代初，香港爆發非典肺炎疫症 (SARS，簡稱「沙士」)，此世紀疫情儆醒了大眾對城市建築環境質素的關注。我亦承接早前起了頭的綠色建築事宜和人脈網絡，同行加大加深投入力度，里程碑包括助力提升氣候變化適應能力 (climate adaptation)[2] 的 都 市 氣 候 相 關 研 究 、 環 保 建 築 大 獎 (Green Building Award) 的 開 創 、 香 港 綠 色 建 築 議 會 (Hong Kong Green Building Council, HKGBC) 的 成 立 、 香 港 首 座 零 碳 建 築 「零 碳 天 地」(現 稱 建 造 業 零 碳 天 地, CIC-Zero Carbon Park) 的 設 計 等。 這 近 十 年 的 階 段, 不 但 接 續 先 前 約 十 年 的 香 港 綠 建 起 始 之 旅, 更 為 本 地 綠 建 人 才 的 承 傳 打 下 系 統 性 的 基 礎, 支 持 低 碳 綠 色 建 築 設 計 以 至 城 市 規 劃 的 長 足 發 展。

2012 年 7 月 1 日, 我 應 邀 正 式 轉 入 官 場, 擔 任 環 境 局 局 長, 並 連 任 兩 屆 共 十 年。 在 任 期 間, 與 同 事 推 出 了 一 系 列 可 持 續 發 展 政 策 藍 圖, 涵 蓋 空 氣 質 素 、 減 廢 回 收 、 都 市 節 能 、 生 物 多 樣 性 、 電 動 車 普 及 化 、 氣 候 行 動 等, 引 領 香 港 邁 向 碳 中 和。 當 中, 有 緣 遇 上 眾 多 有 心 人 攜 手 同 行, 一 方 面 支 持 大 眾 衣 食 住 行 低 碳 轉 型, 另 一 方 面 保 育 生 物 多 樣 性 以 至 復 育 偏 遠 鄉 郊。 例 如 衣 食 住 行 之 事, 有 推 廣 二 手 衣 物 循 環 善 用 的 「JupYeah 執 嘢」 團 隊 、 塑 造 惜 食 生 活 好 習 慣 的 「大 嘥 鬼」(Big Waster) 創 作 人 員 、 支 持 社 群 乾 淨 回 收 的 「6 仔」

2　氣候適應 Climate Adaptation：《香港氣候變化報告 2015》指，全球氣候變化已帶來明顯影響，即使採取積極減碳行動，極端天氣造成的生態系統改變及基礎設施損壞仍會頻生。社會必須預計氣候變化帶來的不良影響，並採取適當行動防止或盡減可能造成的損失。這裏指的基礎設施包括能源、水資源、建築物、沿岸設施、交通運輸、緊急服務、健康、食物、金融與通訊設備。盡早強化氣候適應能力，如妥善規劃應對淹浸威脅和山泥傾瀉等的措施，有助減少傷亡和金錢損失。

（綠在區區 GREEN@COMMUNITY[3]）設計師、鼓勵低碳本地行的氣候青年等。

2022 年 7 月 1 日，我邁進個人「起承轉合」的第四階段，即是結合我過去在環保及可持續發展的方方面面，與社會上不同社群合力繼續氣候行動，包括支持更多人配合減碳。若要將相關事宜大致分類，可稱之為 ABC：A 代表 Architecture，即是與我自身本科建築專業有直接關係的綠色建築事宜，例如協助香港建築師學會舉辦氣候行動相關的持續專業進修，以及在大學建築系教授氣候行動；B 代表 Bridge to China，即是無止橋慈善基金 (Wu Zhi Qiao (Bridge to China) Charitable Foundation, WZQ)，結合低碳環保和青年參與，投入鄉村振興事宜；而 C 代表 Community，即社會上與環保及可持續發展相關的不同邀請，如應邀擔任香港海洋公園保育基金的保育大使 (Hong Kong Ocean Park Conservation Foundation, OPCFHK) 並在報章以短文分享社區中不同年輕人投入環境保育的人和事。

這本書希望從我個人所經歷的人生「起承轉合」四階段，反映香港邁向碳中和路上的一些人和事。我多謝他們一伙人藉此次出版機會與我回顧亦前望，合撰不同階段的不同故事。書中結尾的答謝

3　綠在區區 GREEN@COMMUNITY 是服務全港的社區回收網絡，包括回收環保站（提供環保教育和回收支援服務的區域回收樞紐）、回收便利點（設於貼近單棟樓群或公共屋邨的回收點）和回收流動點（每週定時定點運作的回收街站）等。自 2020 年起，「綠在區區」更以智能系統推出全港通用的《綠綠賞（電子）積分計劃》，市民回收時出示綠綠賞手機應用程式或積分卡，可賺取相應積分，利用積分可兌換禮品，或可選捐贈積分予指定慈善機構（詳見環保署的香港減廢網站介紹）。

錄，答謝及簡介「半百一伙人」，希望藉此承先啟後，鼓勵更多人投身氣候行動之中，配合香港力爭 2050 年前實現碳中和！書中結尾還附有答問錄「邁向碳中和 黃錦星十年十答」，回顧香港與環境可持續發展相關的近十年事，亦探討應對氣候變化中的危與機。多謝鍾芯豫以年輕氣候倡議者的視角，主編題爲《兩代氣候倡議者縱論碳中和》的答問錄。同時，衷心感謝林超英先生、龍炳頤教授和陸恭蕙教授分別賜予推薦序。

根據世界氣象組織，2023 年是全球有記錄以來最暖的一年。近年，各類極端天氣事件到處肆虐，包括破紀錄熱浪、異常乾旱、重大山火、世紀暴雨、嚴重水災、超級颱風等。全球氣候變化正引致這些極端天氣更頻繁、更極端，香港亦屬受災熱點，各地的氣候行動如碳中和理應是社會各界更關注的焦點，希望這本書可助力引發更多共鳴及低碳同行。正因邁向碳中和是眾人之事，數十年來，我從日常衣食住行等生活事做起，亦非常感謝太太和女兒等家人合力同心，支持同行低碳樂活，包括日常有衣食、節能節水、綠色出行、減廢回收等，簡約生活態度可以令人生更清爽！請大家同行應對氣候變化，緊記：「邁向碳中和，咪做大嘥鬼！」

獅子山下 我的起點

1.0

起

　　1963 年，香港需實行嚴重「制水」，每四天供水一次，每次四小時，當年我剛在香港出世。我年少時，自 1968 年我家遷居九龍半山高處的慈雲山沙田坳邨。此乃小型的山旮旯公共屋邨，全邨兩座，樓高廿層，我家在十九樓高層單位，朝南，探頭窗外即可俯瞰九龍半島，遠眺維港、對岸港島以至外島如大嶼山。伴隨我由細到大，窗外的城市景貌也在變，包括讓我見證獅子山下從前處處平房木屋區，漸漸變為屋邨高樓，令更多家庭可安居，其家人可樂業。或許此源起，令我自身養成擁有較多制約的基因，從心領會世上的資源並非無限無止，自少時亦聽到「小莫小於水滴，匯成大海汪洋」等積少成多的思維，成長時理解萬丈高樓從地起的專業，近年卻體會全球暖化從我們碳排放而起的危機越來越迫切！

民居之起

　　不知是否耳濡目染，有機會升讀大學時，首選了建築學院。入學前面試時，我答希望可擔當建築師，為締造宜居環境作出貢獻，助力大眾可安居樂業。幸運地，1983 年順利入讀建築學院，並遇上良師益友。我在五年內兩個學位的大學生涯，間中或會觸及高樓大廈，當時實際上更多時間從涉獵傳統民居學起。至最後一年畢業論文階段，學生需選取各自設計論文題材，我自選了圍繞在山旮旯鄉郊環境的一兩層高建築來設計。其實，重點不在乎建築物高低大細，關鍵在於我的論文探討過程中，我挑起了一個貼近何謂綠色建築的大問號！但當年實際上，基本問題是連「綠色建築」這詞彙在全球還未正式確立，當時我遍尋大學圖書館也未有以「綠色建築」正名的書籍。

1980 年代沙田坳邨

茵怡之起

1988 年，畢業入行，首幾年參與了多元的建築項目，由不同的住宅、工商樓宇至公共建築做起。1992 年，上述論文大問號竟在現實項目中找上門。這就是環保公共房屋項目「茵怡花園」，在將軍澳新市鎮，平地起高樓。當時，建築師事務所安排我擔任此新挑戰的項目建築師，兼同期統籌環保住宅建築設計和管理的顧問研究。我十分投入此大型公共房屋項目的創新環保設計，同時聯同本地和國際顧問深入探索高密度都市環境中，可如何打造切合香港氣候的環保宜居住宅高樓。1994-1996 年間，我往加拿大卑詩大學 (The University of British Columbia, UBC) 留學深造，師承 Professor Raymond Cole，進一步追尋綠色建築這重要大課題。

綠建之起

隨後，我回港回巢，除了在建築師事務所的設計項目上更深更廣地結合綠建設計，亦展開在專業界別以至向政府推廣綠色建築，而第一步就在香港建築師學會 (HKIA) 倡議成立常設委員會，凝聚建築師同業先行提升對綠建的認知，當中自 2000 年起推出以綠建為主題的持續專業進修系列，挑起了業界對綠建的關注以至關愛。第二步，透過香港建築師學會，團結其他建築相關的主要專業學會，在 2002 年成立環保建築專業議會 (Professional Green Building Council, PGBC)，集合建築師、工程師、園境師和測量師等的專業力量，以推動綠建在香港甚具挑戰的高密度都市環境中提速起步。

科研之起

　　那些年，綠色建築議題在全球領先地方仍屬起步階段。在香港推動綠建發展，更需應對本地超高密度城市環境疊加華南濕熱氣候的獨特挑戰，當中亟須科研加創意的配合。當時，我亦有緣參與其中，起步聯同本地及海外專家學者等，為政府部門作有關建築環境的顧問研究，以支持優化建築設計和建造相關的法規，配合綠色建築的大勢所趨。此時，就遇上不少人物，如時任環境顧問的廖秀冬博士（2002 年年中轉任環境運輸及工務局局長）、建築環境學者吳恩融教授 Edward、環保建築工程師邱萬鴻博士 Raymond，以及海外綠建專家學者如加拿大卑詩大學 Professor Raymond Cole。

　　我感激眾多伯樂和老師，好讓我有幸和一伙有心人可有序地起步同行探索，對綠建大問號追尋切合香港環境的好答案，並追求綠建在本地普及化的夢想，助力應對全球氣候變化。對我來說，或許是希望可落實當年入讀大學面試時所言，能為締造宜居環境作出貢獻。

1.1

從中國傳統民居建築
起始的師友

　　我來自香港草根家庭，從小，家在深水埗唐樓板間房至慈雲山
沙田坳邨廉租屋（當年公共出租房屋的名稱）。自中學三年級暑期，
在當其時任職社會工作者的大家姐黃錦珊引領下，年復年到社區中
心投入義工服務或領袖訓練，同時與導師友人結伴體驗郊野行山活
動。這些在城鄉郊野「貼地」的成長經歷，不知不覺間影響了我往
後的取向。

沙羅洞爭議中

　　1983 年，我首選並入讀香港大學建築學院，在一年級遇上龍
炳頤教授 (Professor David Lung)，他擔任我們班首年設計工作
室 (design studio) 課程的四位設計導師之一，更是我組十多位同

學的分組教授。一年級下學期，學院為設計研習功課選址，落戶大埔沙羅洞的偏遠客家村落。其時，香港社會上對沙羅洞正醞釀發展或保育的爭議。那些年，我班同學多次登山往沙羅洞作田野考察，並研學華南客家村落及民居建築的方方面面。這也是我跟鄉郊傳統文化和環境保育相遇，並漸生興趣的起點。我十分感謝龍教授的引路入門。

閩粵民居考察

1984 年，龍教授發起組織田野考察隊，去探究福建山區的客家土樓和廣東梅縣一帶的客家傳統民居等，幾位同學和我都報名參加。同年，鄧小平第一次南巡廣東和福建，提議擴大對外開放。當時，全國對這些山旯旮傳統民居建築的研究出版甚稀，我們離港出發考察前，大概只找到相關手繪圖和文字表達，故此當包車承載

1980 年代隨龍炳頤、張肇康（左四和五）等考察中國傳統民居

1980 年代初起龍炳頤教授 (中) 帶同建築生考察閩粵傳統民居

考察隊緩緩爬坡往閩西山區尋寶，眼前閃出首座實實在在的客家土樓時，全車師生都雀躍萬分！建築家張肇康先生當年在香港大學兼任教授，亦是多次往內地探究傳統建築的類似師生考察團隊中堅導師，我有幸遇上他，自此深受啟蒙。

2022 年建築學者徐明松與黃瑋庭合著的《狂喜與節制——張肇康的建築藝術》中，形容張肇康 (1922-1992) 以「現代之眼」拾取傳統精華，致力尋找華人建築之現代性的出路，並指他是華人建築師中少見畢業自哈佛、師承包浩斯 (Bauhaus) 始創人 Walter Gropius 的直系弟子，也是與貝聿銘、陳其寬共同實踐台中東海大學校園規劃的關鍵推手，而張肇康設計的東海大學校園建築、台北台大農業陳列館、香港太平行大樓等都是經典佳作，後兩者我年輕時都曾造訪學習。

建築之道繪圖

　　1987 年，張肇康與 Werner Blaser 合著的《中國：建築之道》(*China: Tao in Architecture*) 出版。張肇康老師不單多次參與帶領建築學院學生到內地不同地區探究中國民居傳統，並且予我和同學如鄭炳鴻 Wallace 為其著作手繪建築插圖的機會。張肇康老師走遍大江南北，探究中國各地鄉土建築傳統，當中我有緣隨龍、張兩教授至廣東 (包括珠江三角洲一帶、粵東、粵北等)、福建、四川、雲南等地，多次下鄉考察當地傳統民居。在田野調查途中，以及著書繪圖時，張肇康老師都樂於分享「建築之道」。大家探究的焦點不在傳統宮廷殿堂等建築的「高大上」，反是心繫平民百姓傳統民居智慧的「接地氣」。

1980 年代自選建築畢業論文，試從西貢鄉郊民居初探綠建設計

畢業論文設計

　　1988 年，我完成建築畢業論文設計。回想 1987 年夏，班中各人均需自選論文設計項目，基於對各地傳統民居與環境共生的興趣，我揀選了在鄉郊設計一個環境共學空間的挑戰，選址西貢北潭涌的荒廢村校，體現「轉廢為材 升級再造」。那些年，綠色建築的設計

2023 年在建築學院演說傳統民居至碳中和時重遇老師龍炳頤教授

理論才剛醞釀，香港大學圖書館內尚未有以「綠色建築（Green Architecture）」正式命名的書籍，這一類書直到 1991 年才見正式面世。而在香港，我找到了 1986 年落成的「米埔沼澤野生生物教育中心」作為參考實例之一。鑑於這樣的時代背景，我的論文提出了前瞻性的問題，畢業時答案其實欠佳，惟有希望畢業後有機會追上吧！

感謝論文教授龍炳頤先生和梁慶儀女士 Joan 當年的教導，讓我在不知不覺間，投身綠色建築之旅。彼時，綠色建築之旅於世界各地包括香港才剛起步，我有緣同行探究。今日回望，已是過去約四十年的往事，多謝沿途眾多同行者亦師亦友，共同成就這「一伙人」擔當環保可持續發展的先頭部隊，並且承先啟後，演化至成為支持香港邁向碳中和的中堅力量。

1.2

高密度都市環境
綠建先鋒的伯樂

我大學畢業之後，1988 年 8 月 1 日正式踏入職場，先於關吳黃建築工程師事務所 (KNW Architects & Engineers Limited) 工作。1991 年公司合夥人拆夥，我隨吳享洪建築師事務所 (Anthony Ng Architects Limited) 繼續專業發展，並取得註冊建築師資格。

高密度綠建築的綠茵

1992 年，建築師事務所透過受邀競賽，承接了香港房屋協會以環保為本的「茵怡花園」項目，我被委派擔當此環保公共房屋的項目建築師。其時規劃，在將軍澳新市鎮北端一塊 2.1 公頃土地，興建包括出租及出售單位的公共屋邨，共約三千戶，人口

1990 年代茵怡花園的設計模型現為西九文化區 M+ 視覺文化博物館藏品

達八千，發展密度高。香港房屋協會的願景甚具前瞻性，不止旨於打造單項的高端環保屋邨，而且期望藉此帶頭示範以毗益同業，分享切合香港高密度都市環境的綠建設計和管理策略。其時，國際上系統性的綠色建築剛起步，例如，全球首個綠色建築環評系統 BREEAM(Building Research Establishment (BRE) Environmental Assessment Method) 1990 年才於英國發布，實是當其時綠色建築綠茵長跑起步點的象徵。我欣賞當年香港房屋協會的先見，於建築設計過程的同期，有策略地聘請了顧問團隊對香港高密度屋邨的環保設計和管理作先鋒研究。

創建疊加綠建築科研

茵怡花園設計以科學為本結合樓宇高低錯落的創意來善導通風

當中，本地環境顧問聯同外地專家針對一系列綠色建築範疇，整全有序地分階段分析，涵蓋節能、節水、節材和戶內外宜居環境等重點。亮點更是與項目的創意建築設計同步互動，藉此引進切合香港環境挑戰的突破，例如，因地制宜地設計節地的高密度樓房而不屏風，過程中領先結合風洞測試和計算流動力學 (CFD) 電腦模擬技術；另外，全邨首試新型節水抽水馬桶。在吳享洪建築師和其他資深同事的帶領下，團隊需就不同的創新設計方案闖關，包括試闖政府審批部門的重重關卡，對相關既有法規申請豁免等等。我作為此項目建築師，兼任同期研究統籌，可謂一人兼兩職，工作需日以繼夜，但深感任重道遠，希望竭盡全力，不負所托。1993 年，鄧錫權博士 Thomas 從英國調職香港，所任職的環境顧問公司正好受聘參與統籌「茵怡花園」項目的環保設計和管理研究。Thomas 回想：「這次調任，大開眼界！公司為此項目擔任環境顧問，負責支援項目的建築師。還記得團隊提出太陽能、外牆遮陽板、室內對流風和水循環等想法，在當時屬於相當大膽的創新措施，加上引入新技術，使業界的綠色建築設計思維得以重大提升。而今回望，能夠成為當年先驅者的其中一份子，實在非常榮幸。近年，公眾對環保的態度也愈趨積極並抱有期望，為了應對氣候變化，我們必須同心協力。」

綠色公共房屋的創建

「茵怡花園」的設計過程充滿挑戰，多謝當時香港房屋協會的管理層及同事，當中包括潘祖堯先生 (Ronald Poon 1942-2022)。潘祖堯先生本身是資深建築師，曾參與香港房屋協會審視其公屋項目設計的委員會，尤記得他主持關鍵會議時大力支持環保創新的建築設計。同時，我非常感激建築師事務所老闆吳享洪和同事們，同行全情投入當代綠色建築的新天地。當中，需結合創意和科研，分析設計選項的生命周期效益，力爭政府部門如屋宇署批准建築圖則和一系列創新設計的豁免申請，以至適時招標施工等。1994 年，團隊終於排除萬難，步入上蓋工程開工階段，我亦可鬆一口氣，並因項目所啟發，決志赴外地研究院深造，聚焦研學綠建，因而有緣師承加拿大卑詩大學 (UBC) 建築學院教授 Raymond Cole。

茵怡花園的創意設計致力示範高密度民居
樓房可透風而不屏風

茵怡花園的綠建回望

在彼邦研學約兩年後回巢，1997 年重投原建築師事務所，並見證「茵怡花園」屢獲殊榮，包括 1998 年香港建築師學會 (HKIA) 年獎的最高獎賞及 1999-2000 年度亞洲建築師協會 (ARCASIA) 金獎等。獎項殊榮鼓舞團隊，更欣見此項目對香港內外綠色建築發展的正面影響，包括助力引發香港政府自 2000 年開啟鼓勵環保和創新樓宇設計建造的政策研究。不久之後，政府修訂全港抽水馬桶規範，轉向節水型。「茵怡花園」的系統性綠建研究和實踐，之後亦理所當然成為香港出台 1999 年首份「元祖版」新建住宅樓宇建築環保評估法 (Building Environmental Assessment Method (BEAM) for New Residential Buildings) 的重要參考。

2022 年，電視台拍攝香港公共屋邨相關的一連十集真人騷節目《回家》，找上我拍攝一集，因我年少時曾居於沙田坳邨。訪問期間，有緣回訪闊別廿多年的茵怡花園，包括探訪邨中出生的一位年輕人，他自出娘胎就居於此處的出售單位，亦於邨中幼稚園畢業。拍攝時正值炎夏，但遊走邨中作家訪時，從公用空間如樓上走廊，至住戶內客廳，拍攝隊人員和我都身感處處的穿堂風涼意，大家亦享受戶內充滿自然柔光的宜居健康環境。受訪住戶分享，廿餘年來住得省電又省錢，可謂低碳樂活！我請他感恩香港綠色建築的一眾先驅者和伯樂。

當下，面對越趨嚴峻的氣候變化，建築環境包括各家各戶的氣候適應力越見重要。適切的綠色建築設計，加上引入新技術，可助力應對全球氣候變化，亦可助各家各戶日常生活健康又省錢。

廿多年後有緣回訪茵怡花園欣見居民可享綠色節能低碳生活

1.3

建築師學會
至環保建築專業議會

　　1996 年冬，我從加拿大回港，重投執業建築師身份。同時，心繫如何與同業擁抱綠色建築新天地。香港建築師學會旨在提升建築設計、促進和輔助各種相關藝術及科技知識的汲取。在加拿大留學時，我留意到當地建築師學會設有促進環保的委員會，心感香港可效法。回港後，找機會向老闆吳享洪建言，請他向香港建築師學會會長引薦。剛巧 1998 年冬，一批香港建築師赴加拿大溫哥華參加了國際會議 Green Building Challenge '98，深受當時甚具前瞻性的「綠建挑戰」議題啟迪，回港後亦期望同業跟進。

建築師一伙人

　　上述背景下，香港建築師學會 1999-2000 年度會長韋栢利先

2000 年代初香港建築師學會發起聯合成立環保建築專業議會

生 (Mr Barry Will 1945-2019) 支持提議，在本地事務部之下成立常規化的環境及可持續發展委員會。尤記得某天午餐時段，相約在學會「飯盒會議」，小組代表商討上述委員會的成立安排，包括委任委員會的創始主席。當日與會者，都屬則樓老闆級或政府部門主管級，只有我這名三十幾歲的青年人。在大家禮讓下，這年輕建築師就擔上開創此新設委員會事務的綠建挑戰。之後，首務就是招募一伙同業建築師作委員，而正式組班後，委員都心懷渴求綠建新知的熱忱，積極地合辦一系列持續專業進修活動，並期待學以致用。2000 年，推出「頭炮」Greening 2000 持續專業進修系列，籌劃了浪接浪的綠建講座和考察等，亮點之一是名為 HKIA Green

2003 年環保建築專業議會典禮中，茵怡花園建築師吳享洪（前右一）出席

Tour 2000 的秋冬外訪，赴德國和荷蘭兩地，甚受歡迎。之後持續多年，委員會的綠建之旅系列成為香港建築師學會最受歡迎的進修學習活動之一。

國際綠建大勢

話說 2000 年外訪，為何首選德荷兩地？玄機有二。首先，適逢 2000 年世界博覽會於德國漢諾威（Hannover）舉行，在 6 至 10 月份共五個月，主題圍繞人、自然和科技。而亮點之一，在於是次主辦方銳意帶頭逆轉自 1851 年首屆所作的「常規」，一百多年來每屆世界博覽會在數個月的展期後，常見大量展後拆建，年年廢物累累，至 2000 年世界博覽會，終於覺醒，會前就要求各地新建臨時展館都須按類近「自己垃圾自己帶走」的原則去設計、建造和最後拆件再用。例如，建築家 Peter Zumthor 設計的瑞士展示館，建築創新又環保，如同一座木構迷宮，當中空間結合音樂和美

食等體驗，洋溢該國風情，而展後，每件建築構件材都易於分拆，方便循環再用，邁向零廢。玄機二，是 2000 年 10 月尾在荷蘭馬城 (Maastricht) 舉行的國際會議 Sustainable Building 2000，此全球綠建峰會是上述 Green Building Challenge '98 的伸延。是次，香港建築師學會領軍，聯同香港業界在會場設香港館，首次向國際展示香港的綠建實例及「元祖版」建築環保評估法 (HK-BEAM) 等。HKIA Green Tour 2000 的參加者，都可順道參與此兩大全球綠建盛事。

五大專業學會

這一系列交流互動，不僅增進了建築界同業的綠建新知，並且推動心繫綠建的建築師、工程師、測量師和園境師等團結同行。時任香港建築師學會會長劉秀成教授 (Professor Patrick S S Lau) 與我及委員會成員，2001 年亦在香港會見美國綠色建築委員會 (USGBC) 兼籌劃世界綠色建築委員會 (WGBC) 的代表 Mr David Gottfrield，大家同感推動綠建需要有系統地團結一大伙相關主要持分者，是全球大勢所趨。因應當時香港建築業界情況，香港建築師學會帶頭發起成立「環保建築專業議會」(PGBC)，並在 2002 年率先聯同香港工程師學會 (HKIE)、香港園境師學會 (HKILA) 和香港測量師學會 (HKIS) 正式登記 PGBC。剛巧，世界綠色建築委員會亦於同年正式成立。2005 年，香港規劃師學會 (HKIP) 亦加盟環保建築專業議會。

2023 年恭賀環保建築專業議會成立廿年，對其多年來的跨專業協作感觸良多

屋宇創新小組

　　HKIA Greening 2000 系列不但積極連繫業界和學界等，亦嘗試首次牽頭舉辦大型研討會，邀請了相關部門時任局長、屋宇署署長及地產發展商代表同台發言，研討如何促進香港的創新綠色建築，而由香港建築師學會前會長何弢博士 (Dr Tao Ho, 1936-

2019) 擔當嘉賓主持。尤記得研討會上，時任規劃環境地政局局長蕭炯柱先生表示大力支持創新綠建，同時鼓勵大家日常節約資源，並公開指示時任屋宇署署長積極跟進相關政策。隨後在 2000 年 7 月，屋宇署成立屋宇創新小組 (Building Innovation Unit, BIU)，以推動建築界興建環保樓宇，並聯同地政總署及規劃署在 2001 年 2 月出版首份聯合作業備考 (Joint Practice Notes, JPN)，

2024 年在港重遇美國綠色建築委員會創辦人之一 David Gottfrield

以具體鼓勵支持環保及創新的新建樓宇，當中包括推動廣建露台、加闊公用走廊、結合公用空中花園等。連同往後新增和修訂的聯合作業備考，大大改變了香港建築設計和建造的作業面貌。

那幾年間，從香港建築師學會開創環境及可持續發展委員會，擴大至本地建築界五大專業學會合辦環保建築專業議會，對香港綠建的起動做出了重要的基礎貢獻，實在感謝五大建築專業界別的一大伙綠建有心人。

探究高密度住宅
自然採光通風規範的開荒牛

茵怡花園的環保設計，開啟了我對高密度住宅環境中自然採光和通風等等設計的探究歷程。但在 1990 年代，面對越來越密集的新建樓宇，香港社會各界提出針對住宅戶內自然採光通風要求的不同質疑，有些人指法例陳舊過嚴，亦有市民居於新建住宅樓宇反指法規未能保障平常生活的基本訴求，例如日間在家閱讀報紙也不夠日光。於是，屋宇署公開招聘顧問團隊研究建築物條例的相關規定，尤其檢視居住空間和住宅廚房及洗手間等窗戶起碼的相關規定。

高樓拔地而起

1999 年，我任職的吳享洪建築師事務所受聘領軍此顧問研究，

而我則主責統籌。此顧問團隊集結了香港和海外專家，以及香港各大學相關教授，當中關鍵的本地教授包括吳恩融 Edward。原來，Edward 的成長歷程和高樓大廈關係微妙，17 歲時，他就喜歡和同學一起跑樓梯，直衝上當年中環第一高樓「康樂大廈」(現稱「怡和大廈」)，跑到大廈高層的避火層眺望周遭風光！ 1979 年他離港升學及發展，1999 年回港任教於香港中文大學建築學院，此時他望見相隔廿年的香港城市環境，四周高樓拔地而起，高度相比「康樂大廈」可是更高，在街上舉頭望到的天空可視率越來越小，心想孰喜孰憂？

並無先例可循

同年，Edward 被邀請加入上述研究顧問團隊，同行探究香港相關法規和高密度住宅環境的關係，評估採光和通風方面的既有規例是否過於嚴格及可否放寬。但研究過程殊不容易，縱觀全球，相關法規也沒有先例可循，而香港的高密度建築發展亦超越其他城市。於是研究團隊需要建基於科學基礎，重頭審視既有建築法例及其旨於保障的兩大目標，即建築空間的公眾安全及健康環境。而顧問團隊的探究過程，包括相當數量的住戶調查、現場測量、模擬分析及計算等，隨之團隊致力剖析所收集的本地「貼地」數據。然而，各地主流的自然採光規範都聚焦計算由上而下的日光，但是放諸於香港高樓群往往近乎「前心貼後背」的排陣情況，這類規範方法的基礎就不太合乎科學了。Edward 亦向他在英國的老師 Professor Peter Tregenza 請教，Peter 是英國建築採光標準的主筆，此權威前輩回覆的第一句：「香港不要學英國！」即是要因地制宜，香港需自尋答案。

最緊要開揚呀

　　當時，研究團隊成員苦苦思量，努力構思如何可運用相對簡單的幾何圖形方式，較科學地去評核個別房間面對戶外不同高樓錯落環境時的採光條件。有一日，Edward 話開竅了！廿多年後，與 Edward 話當年，他才透露背後故事，原來研究團隊正苦惱時，他恰巧與母親閒聊，提及家居室內光線，她就雙手打橫張開說：「最緊要開揚呀！」Edward 茅塞頓開，在香港高樓林立的周遭環境下，日光入戶實在不應限於由上而下，往往也會橫向而來，即是窗外左右兩邊對開樓群之間空隙都可送光前來。香港緊湊建築環境中的民間生活智慧，體會窗外涵蓋「樓罅」情景的開揚度，與英國學

吳恩融教授憶述 2000 年代初研究高密度民居採光規範如何突破

邁向 碳中和
香港 人和事

者 Dr. Ralph Galbraith Hopkinson (1913-1994，Edward 的老師的老師) 於 1960 年代曾推測關於未來都市環境中日照規範的假設，竟不謀而合。顧問研究工作排除萬難，時間相比原定延長，至 2002 年才踏入顧問報告的最後階段。

非典疫情前後

顧問團隊努力工作了約 3 年歲月，結論指既有法規實在陳舊，在香港現今高樓林立的環境中，尤其未能保證較低層單位可取得合宜日照，並且建議住宅廚房和洗手間等亦宜保留自然採光通風。但當時這些顧問結論，並不合乎本來倡議對規例拆牆鬆綁的人士之胃口，猶記得在督導委員會會議上，有業界人士不滿地發言：「沒有光不會死人吧？若建樓難，令樓價升，問題更多！」Edward 回應直指：「沒有日光不會死，但不死的後果會更嚴重！」雙方意見不同，僵住了。然而 2003 年，香港爆發了非典型肺炎疫症，此「沙士」疫情險峻，對香港的高密度城市環境、公共衛生和市民健康之間的關係，敲響了警鐘，之後促使政府重新檢視建築物相關條例和設計規範。同時，更多人反思香港密集式居住環境應如何設計，包括建築設計的自然採光與空氣流通，都和健康生活息息相關。

屋宇署亦重啟上述督導委員會會議，與會人士的看法也與時並進，最終讓顧問的重點建議重見天日。多謝屋宇署同事和業界支持，至 2003 年 12 月，基於顧問研究的重點建議終於正式出台，成為屋宇署《認可人士及註冊結構工程師作業備考》(PNAP)，作為相關自然採光和通風設計的績效為本方法 (performance-based approach) 實踐指引。這一針對香港超高密度建築環境的顧問研究，歷程中交織了環境科學、社會民生和經濟發展等議題的複雜與矛盾，不但深化了我對綠色建築設計的鑽研，亦激起了我對政策思考的興趣。

Hong Kong Stories in the Journey towards Carbon Neutrality

第二章

沙士疫後 綠建承傳

2.0

承

2003 年香港爆發非典型肺炎疫症，簡稱「沙士」，此世紀疫情儆醒了大眾對可持續發展的關注，尤其是關於城市建築環境的健康宜居質素。我亦承接著早前起了頭的綠色建築事宜和人脈網絡，與不同人士一起加強投入的力度，放諸於 2003 至 2012 年間，當中包括影響更深更廣的一系列科創研究、跨建築專業人士至覆蓋全港主要持份者參與的綠建議會事務，以至 2012 年完成的香港首座零碳建築等。這些在 2003 至 2012 年的綠建相關歷程，為香港往後的氣候行動創造了有利條件，亦支持加強氣候變化適應能力以至邁向碳中和。

綠建至城規

　　「可持續建築設計指引」[1]、「空氣流通評估可行性研究」[2] 至「都市氣候環境圖」[3] 的研究，利導綠建至城市規劃，我有緣參與其中，和一伙學者和建築專業人士持續努力探究，並結合與各主要持份者參與的諮詢所得，逐一破解其適用於香港獨特環境的密碼。順提，在 2000 年代尾至 2010 年代初，我亦參與了「中九龍幹線」公眾參與過程相關的都市設計研究，這走線路經建築密度甚高又具高度本地文化特質的舊社區，整體考慮十分複雜，但至複雜的問題宜用可持續發展思路去應對。「中九龍幹線」項目示範了化危為機的過程，在香港可持續發展的路上擁有多個第一，包括首個道路工程項目進行社會影響評估、首個工程項目研究走線對油麻地本土文化影響及榕樹頭文化保育研究等，其中值得一記的是項目中公眾參與過程和

1　可持續建築設計指引 Sustainable Building Design Guidelines (SBD Guidelines) 政府自 2011 年引入一系列措施以回應公眾對建築環境質素和可持續性如應對氣候變化、紓緩熱島效應等的關注，包括頒布「可持續建築設計指引」，要求新建樓宇加入樓宇間距、樓宇後移和綠化覆蓋率的設計元素，助力化解「屏風樓」的問題。就屋宇署而言，為落實這些設計元素，在審批新發展項目時，若情況適用（例如地盤達到一定面積），該署會以項目是否遵從此設計指引作為審批項目能否取得總樓面面積寬免的考慮條件。

2　空氣流通評估 Air Ventilation Assessment (AVA)《香港規劃標準與準則》的城市設計指引，指出香港既是全球其中一個最稠密的城市，同時又屬亞熱帶氣候，夏天非常濕熱，因此城市環境需要更多通風，藉完善城市設計，希望令風環境得到顯著及長遠改善，以降溫並帶來舒適的建設環境。自 2006 年，空氣流通評估系統於香港開始實施，為規劃和設計過程提供輔助以改善城市結構的通風情況。空氣流通評估可就不同設計方案對空氣流通的影響作出比較，及認明潛在的問題，從而改善設計。

3　都市氣候環境圖 Urban Climatic Map (UC Map)（或簡稱都市氣候圖）是一個整合都市氣候因素和城市規劃考慮元素的資訊與評估工具。都市氣候圖通常由兩部分組成，即都市氣候分析圖和都市氣候規劃建議圖。規劃署在一份 2012 年完成的顧問研究中，制訂了都市氣候規劃建議圖，為評估主要發展對都市氣候和空氣流通的影響提供科學依據，並幫助應對城市熱島效應。

社會影響評估研究是相輔相成地進行。創新的社區參與方法廣受各方歡迎及支持，署方、顧問包括香港大學團隊、地區人士等都真誠交流，是官、商、民、學四方合作的先行者。作為顧問之一，我當時所屬的建築師事務所支持項目的都市設計研究，包括活用都市氣候環境學，令此舊區更新不但保育地區文化，同時優化社區空氣流通，支持更健康更宜居的舊城區更新規劃。在此社區參與過程中，我十分多謝香港大學羅惠儀博士 Winnie 和城市規劃師何小芳女士 Betty 等同行，致力合創市區更新的可持續發展。

專業至普及

2003 年非典疫情後，環保建築專業議會 (PGBC) 才正式舉行創會儀式，隨之陸續推動跨建築專業界別深入探討綠建重點議題，包括如何客觀科學地評核個別建築項目的綠建水平，尤其適用於香港的高密度都市環境和潮濕亞熱帶氣候。之後，環保建築專業議會亦開創了「環保建築大獎」(Green Building Award) 以鼓勵建築界提質提效，獎項甚受業界歡迎及重視，自此成為兩年一度的綠建盛事。至 2009 年，環保建築專業議會聯同其他三個組織創立「香港綠色建築議會」(HKGBC)，群策群力推動綠建的工作，令節能減碳環保的綠建普及化可更上一層樓。我很感恩遇上歷屆環保建築專業議會和香港綠色建築議會主席，以及眾多委員和同事，大家都醉心推廣綠建，支持更環保宜居的建築環境。

低碳至零碳

透過建築環保評估方法以至環保建築大獎等工具，香港的低碳綠建發展步步前行。關鍵之一，更是挑戰如何邁向碳中和，當

年我有緣參與的零碳先鋒項目，就包括香港科學園第三期總體規劃研究、香港西九文化區設計方案概念圖則比賽冠軍 (Foster + Partners 牽頭)，以及建造業議會「零碳天地」等。這些零碳設計機遇，由個別建築項目至不同規模的總體規劃設計，為本地業界積累人才和實戰經驗，並助力香港建築環境的深度低碳轉型。

上述一系列里程碑，包括助力提升氣候變化適應能力的都市氣候相關研究、環保建築大獎的開創及承傳、香港綠色建築議會的正式成立及承擔、建造業議會「零碳天地」的竣工及承接活動等，不但緊接先前約十年的香港綠建起始之旅，而且開啟了更有系統地孕育本地所需綠建人才的新里程，承先啟後，支持低碳綠色建築和都市規劃的設計、科研、評核、創新以至公眾參與等可持續發展元素。

打救都市氣候的
連環拳

　　2003 年，香港爆發非典型肺炎疫情，源自淘大花園，這類高密度住宅屋苑是香港典型的城市發展模式。疫後，大眾越來越關注城市規劃以至樓宇設計與健康生活的關係。與此同時，「屏風樓」成為城中熱話。政府在「全城清潔策劃小組」報告的跟進中，提出建築設計中需要考慮空氣流通評估，並委託顧問團隊進行「空氣流通評估可行性研究」等要求，之後在 2006 年「都市氣候環境圖」和「可持續建築設計指引」的相關顧問研究亦展開，分別對應整體城市的宏觀規劃和建築項目的微觀設計兩個層面。此三項突破性探究過程，連續跨越約十年，如連環拳針對亞熱帶濕熱氣候下香港極高密度的建築環境，我有緣以不同角色和一伙專家學者參與其中，貢獻本地可持續建築環境。

2000 年代中空氣流通評估可行性研究顧問團隊（左一至五）突破難點並獲獎

社會熱議屏風樓

2000 年代中，坊間熱議「屏風樓」，新建樓宇越來越高，例如住宅樓宇，由過去往往高至約廿層，升至約三十、四十、五十甚至更高層數；與此同時，這些高樓大廈的間距越來越窄小，甚至無縫交接。結果導致不論在城中舊區，或是在新市鎮發展區，既高且長的樓群屏障於各處拔地而起，四周的高聳「長城」不止在視覺上使景觀受阻，而且影響微氣候環境，令不少小區的空氣流通受阻。當時，在西九龍、荃灣以至沙田大圍等地的新建樓宇陸續落成，更多疑似「屏風樓」項目在各區亦如箭在弦，湧現的問題越來越嚴峻，同時全球氣候變化疊加熱島效應，不少市民的生活環境仿如被推向水深火熱之中。

時任規劃署總城市規劃師劉瑞芝（右一）心繫都市氣候環境的問題

空氣流通評估法

2003 年疫後，規劃署委託香港中文大學建築學院領導的研究團隊，開展「空氣流通評估可行性研究」。早期，團隊通過科學數據分析當時香港城市環境的狀況，先點出癥結所在，解決方案卻難找，因觀乎全球各大城市都並無明顯的先例可援。轉捩點之一，是香港中文大學吳恩融教授 Edward 和我走訪日本，拜會當時任職日本東京大學的村上周三教授 (Professor Shuzo Murakami)，因為東京一小區的新發展亦產生類似「屏風樓」效應，嚴重影響了旁邊舊區的風環境。借鑑了村上周三教授的提點，之後與熟識本地

規劃和建築設計的執業規劃師和建築師集思廣益，終於開創了弱風環境下利用風速比評估建築設計專案對周邊風環境影響的空氣流通評估方法，前後歷時數年。研究報告建議得到了政府接納和採用，並被分別納入「香港規劃標準與準則」(HKPSG) 和政府工務工程的聯合技術通告等，該通告要求相關政府項目日後都必須進行空氣流通評估，以免新建大型項目對行人區的風環境造成負面影響，例如，啟德發展計劃、添馬艦新政府總部等都得以及時受惠，透過新準則和評估法以優化規劃設計的通風效益，造福項目內外的市民大眾。當中，時任規劃署總城市規劃師（標準及研究）的劉瑞芝女士在爭議中打破制度框框，迎難而上，協助並認同團隊的工作，深切懷念。

都市氣候環境圖

隨著全球暖化和本港城市風力弱化，在熱島效應加劇的情況下，與高溫相關的死亡率隨之增加。有研究指出，若香港當日平均氣溫高於 28.2° C，每上升 1° C，相關死亡率估計增加 1.8%。向前看，香港需要更好地瞭解整體都市氣候環境，並推行適切規劃。2006 年，規劃署再次委託 Edward 領導的香港中文大學團隊，聯同國際專家、本地建築師和規劃師等，對香港的都市氣候環境進行全面深入的科學研究，以制訂都市氣候環境圖。那時候，全球只有德國和日本開展相關研發，但因為

2000 年代我有緣參與空氣流通評估至可持續建築設計指引的研究

香港高密度城市環境以及亞熱帶濕熱氣候，德國和日本兩地的研究成果並不能直接應用和借鑒於香港。因應香港的獨特環境挑戰，團隊進行了大量的本地數據收集和實驗，包括高溫和熱舒適度的研究、測量、模擬、風洞測試、調查、計算、模擬分析、多輪整合資料等等，歷時共六年之久。2012 年，團隊完成研究並製作了《香港都市氣候圖》，可助界定並點出全港存在的關鍵氣候環境問題，例如哪裏往往會「最焗熱」或「最弱風」，以及有哪些潛在的氣候資源，可以用來輔助規劃決策，包括設計通風廊順應風道、減少地面覆蓋率、增加綠化等。該圖可為規劃署審視《分區計劃大綱圖》(Outline Zoning Plan, OZP) 提供重要參考，使土地規劃、建築設計和環境考量更明智，可對例如觀塘市中心重建等都市更新規劃作出貢獻。

2000 年代中期師承吳恩融教授的博士生任超（右一）亦開始投入都市氣候圖研究

邁向 碳中和
香港 人和事

可持續建築設計

　　同在 2006 年，屋宇署推行《顧問研究：對應香港可持續都市生活空間之建築設計》，呂元祥建築師事務所（RLP）受聘領軍，我當年擔任其環保設計總監，主責這顧問研究，聯同本地和國際專家學者等，針對個別建築發展項目的設計層面，制定切合香港都市環境的樓宇間距、樓宇向後退入和綠化覆蓋率標準。至 2011 年，根據顧問建議和可持續發展委員會「優化建築設計 締造可持續建築環境」社會參與過程所得，屋宇署透過面向專業人士的作業備考 APP-152 公布《可持續建築設計指引》，對新建樓宇確立上述建築設計三大關注點的要求，首兩項要求有利沿街或建築物之間的通風散熱，而第三項綠化覆蓋率標準助降高溫，整體可紓緩熱島效應，改善微氣候，令都市生活空間更健康宜居。在這相關過程中，當年住宅樓宇常見的「窗台」（Bay Window）設計亦一併被審視了，當時我參與建言，指此類「窗台」設計在香港的氣候環境，其實不利於住戶節能。之後，政府修訂相關作業指引，曾盛極一時的住宅「窗台」設計從此於一般新建住宅樓宇中絕跡。

　　上述顧問研究項目環環相扣，一方面使香港不但在城市規劃乃至建築設計層面可利用城市氣候評估結果輔助設計，另一方面透過十多年跨學科的緊密合作培養了本地研究團隊和科研實力，造就香港在國際城市氣候學術上獨當一面。這些研究項目的成果還影響了中國內地與海外城市，並且屢獲海外及本地獎項，不但肯定了相關研究對香港以至其他城市的環境貢獻，同時也促進城市規劃與建築設計的革新。面對全球暖化疊加熱島效應，這些研究成果及學術基礎更應被善用，以配合香港氣候行動。時任發展局局長林鄭月娥女士給予《香港都市氣候圖》和《可持續建築設計指引》相當支持，對締造可持續建築環境貢獻良多。

2.2

環保建築專業議會的
先行者

2003 年沙士疫情爆發，影響香港市民的豈止幾個月的疫情期，疫後更大大提升了大眾對城市氣候的重視，大家都渴望更健康宜居的生活環境，包括良好的戶內外自然通風、切合本地都市環境的綠色建築等。環保建築專業議會 (Professional Green Building Council, PGBC) 剛正式成立，配合社會所需，積極推動幾項具轉折點意義的綠色建築事宜。

2004 年環保建築專業議會牽頭雲集專家研討切合香港的綠建環評

建築環保評估系統

其時，本地建築環保評估協會 (BEAM Society) 已研發領先亞洲的《建築環保評估法》(HK-BEAM)，涵蓋新建建築和既有建築。然而，建築業界在熱烈討論如何令評估制度更因地制宜，更切合香港高密度都市和氣候環境。2004 年，環保建築專業議會牽頭召開了聚焦建築環保評估法的研討會，特別邀請了亞洲相鄰城市如東京和首爾的專家來港交流，國際權威專家和學者亦赴會。這次盛會，好讓香港的相關持份者更好地思考如何承傳和弘揚本地的建築環保評估系統。

2000 年代中期環保建築專業議會牽頭研討都市氣候環境和綠化

都市氣候都市綠化

除了關注上述個別樓宇層面的建築環保評估法，環保建築專業議會亦帶頭研討整體的都市氣候環境，包括都市綠化的相關重要性。尤其在高密度的大城市，若然大範圍的都市氣候欠佳，城中個別樓宇的環保績效會大大受限。都市風環境就是重點例子之一，個

別建築物既可受惠於都市空氣流通的宏觀背景，反過來，個別樓宇或建築群地處某些通風關鍵位置，若規劃設計不周，亦會嚴重影響周邊鄰舍獲取自然風環境的共享資源。這一系列跨地域、跨專業和跨學科的研討會，為香港往後的「屏風樓」爭議和政策思考提供了科學的養分。

2004年我（中）代表環保建築專業議會參與策劃建築環保評估法研討會

香港環保建築大獎

當年，和一伙心繫綠建的環保建築專業議會有心人，一方面需提量提速，推動開發和推廣可持續建築環境的新天地；另一方面需思考相關的承傳，包括如何提質提效。首先，政府法規是重要的基本盤，法例規範往往可擔當守龍門的角色，意指可助力守護某程度的環保基線。第二層面，鼓勵性的政策措施，如政府「聯合作業備考」(Joint Practice Notes, JPN) 和「綠建環評」之類的嘉許制度，都可推動提升一些項目的環保績效。但如何進一步激勵和彰顯卓越的綠建個案，以拉高整體業界的綠建想象？當時，我留意到外地個別專業學會開始舉辦以綠建為本的獎項，於是向時任環保建築專業議會主席建言，主席和理事們都正面回應，繼而在 2006 年香港首辦環保建築大獎。業界對此新設獎項反應踴躍，環保建築專業議會決定之後兩年一度定期舉辦，獎項範疇亦步步擴大，由初期聚焦本地新建和既有建築，漸漸擴至香港境內外項目，以及都市設計、綠建研究等不同層面，激勵綠建在多方面更上一層樓。

2005 年環保建築專業議會帶領港隊赴東京參與世界可持續建築大會

2008 年世界可持續建築大會前造訪主辦方墨爾本當地碳中和項目

時任發展局局長參與港隊赴澳在 2008 年世界可持續建築大會奪獎

邁向 碳中和
香港 人和事

世界可持續建築大會

因應環保建築專業議會能更精準地代表業界，香港建築師學會樂意將適切的項目交棒，例如，香港建築師學會自 2000 年帶隊參與世界可持續建築大會 (World Sustainable Building Conference, SB) 系列，經歷了在荷蘭馬城舉行的 SB2000 和之後在挪威奧斯陸舉行的 SB'02 後，自 2005 年起轉由環保建築專業議會帶隊赴會。當年世界可持續建築大會由日本東京都主辦，名為 SB05 Tokyo，是該國際綠建大會系列首度在亞洲舉行，環保建築專業議會故此團結香港業界代表積極參加，亦邀得政府局長和相關官員往東京交流，時任房屋及規劃地政局局長為孫明揚先生。之後，三年一度的可持續建築大會 2008 年由澳洲墨爾本主辦，我當時剛擔任環保建築專業議會主席，邀請了時任發展局局長林鄭月娥女士赴會，大家藉此考察了澳洲悉尼和墨爾本等地的綠建佳例和相關組織，如 2002 年成立的澳洲綠色建築委員會 (Green Building Council of Australia)。在此 SB08 Melbourne 國際會議期間，時任發展局局長與我代表香港團隊，在會上發表香港綠色建築政策報告，最後 SB08 大會嘉許香港團隊和加拿大團隊為全球最佳區域政策報告的雙冠軍 (Joint Winners of Best Regional Policy Review)。

上述本地和國際的互動交流，建築專業人士和學者聯同政府代表積極投入當中，助力香港緊貼全球綠建視野的前沿。當中一個承傳綠建的重要里程碑，是自 SB08 Melbourne 回港後的一年，在發展局鼎力支持下，團結了對推動綠建至為關鍵的香港四大業界團體，包括建造業議會 (CIC)、商界環保協會 (BEC)、建築環保評估協會 (BSL) 和環保建築專業議會 (PGBC)，於 2009 年聯合創立香港綠色建築議會 (HKGBC)，為本港綠建的長足發展奠下穩固基石。

2.3

綠色建築議會的
承啟人

　　2009 年，香港綠色建築議會 (HKGBC) 正式成立，創會主席
是工程師陳嘉正博士 (Dr Andrew Chan)。他同時擔任香港工程
師學會會長，在自身專業具數十年國際跨界別工程經驗，多年來設
計並帶領團隊打造了眾多地標性建築，並曾參與及領導過多個重大
基建專案，包括生態城市規劃、交通和能源專案，對香港、中國內
地及亞太地區的城市發展貢獻良多，同時致力推廣香港綠色建築，
提倡業界在建構永續發展和低碳城市過程中扮演領導者的角色。香
港綠色建築議會創立前後，時任環保建築專業議會 (PGBC) 主席的
我，與眾多議會委員積極參與其中，合力支持香港綠色建築議會的
初始發展。我亦曾擔任香港綠色建築議會首任副主席。

2009 年香港綠色建築議會創會主席陳嘉正（中）與代表在成立典禮上

綠建環評 [1]

　　當時陳主席授命我主持的委員會，首要任務之一，就是要盡快確立切合香港高密度都市及亞熱帶濕熱氣候的綠色建築環境評估方法，並需包括設計新品牌、人才培訓、相關證書等一系列工作。建基於建築環保評估協會自 1996 年所開發《香港建築環境評估法》(HK-BEAM) 的最新版本，以及屋宇署委聘顧問研究設立「環保樓宇」標籤制度所公布的 2006 年版《全面評估樓宇環境表現計劃》

1　香港綠色建築議會指「綠建環評」(BEAM Plus) 是本地最普及的綠建評估工具，由第三方作中立評估，以評審建築物的可持續績效。評估的主要目標是提高建築物使用者的健康和福祉，減少建築物對環境的影響，以及提高建築物的效益並減碳。評審包括能源使用和碳排放、氣候適應和韌性、土地使用和交通、生態保護、材料和廢物、用水、健康和安舒、污染管理、整合設計、智慧技術和創新等。香港於 1996 年已創立此類綠建評估法，為亞洲領先的城市。

時任發展局局長（右三）促成香港綠色建築議會成為香港綠建的基石

(CEPAS)，HKGBC 加以整合及更新，於 2020 年推出新品牌「綠建環評」，英文名為 BEAM Plus，寓意更上一層樓，帶頭出爐的是 BEAM Plus 新建建築及既有建築 1.1 版，由香港綠色建築議會認證。自此，「綠建環評」成為香港為建築物可持續發展表現作中立評估的權威工具。

綠建人才

伴隨「綠建環評」出台，香港綠色建築議會同時推出「綠建專才」(BEAM Pro) 制度，包括培訓及考試、認證及持續專業進修等，並招募綠建專家 (Green Building Faculty) 和綠建評委 (BEAM Assessor) 等。BEAM Pro 是獲香港綠色建築議會認可的綠色建築專業人才，涵蓋整個綠色建築生命周期當中不同的領域，如具有專

業資歷的建築師、工程師、測量師等等。BEAM Pro 其中一項重要職責，就是將最新的綠色建築標準及守則融入日常的建築規劃、設計、建造及運作當中。隨後，因應需求，增加了「綠建通才」(BEAM Affiliate)，以廣納更多不同層面的業界從業員，藉此肯定他們有關綠色建築的設計、建造、營運及管理等各方面專業知識，同時好讓他們透過參與 BEAM Plus 項目工作和香港綠色建築議會的持續進修活動，進一步獲取項目經驗和增進最新的行業知識。邁向碳中和的征途上，會締造綠色經濟和就業機遇，各種人才正是重要元素之一。

綠建大獎

環保建築大獎由環保建築專業議會 (PGBC) 於 2006 年首辦，2010 年開始與香港綠色建築議會合辦。環保建築大獎旨在表揚對創建可持續建築和環境有傑出表現及貢獻之項目及機構，期望業界能突破傳統界限，加速發展可持續建築，創造更理想生活環境。例如，2010 年的環保建築大獎獲得者中，境外新建建築類別大獎就包括中國甘肅省黃土高原上的毛寺生態實驗小學；香港本地新建建築類別則有羅湖懲教所重建工程和秀茂坪南邨贏得大獎項目，優異獎項目包括匯基書院 (東九龍) 學生宿舍及綜合大樓、牛頭角下邨重建計劃第 2 及第 3 期等；而研究及規劃類別中，本地得獎項目是對應香港可持續都市生活空間之建築設計顧問研究。得獎項目呈多元化特點，而共通點在於重視「被動式設計」(Passive Design)，即是善用自然空氣流通、陽光日照和綠化覆蓋等建築設計元素，以創造低碳健康的人居環境，助力應對全球氣候變化。

綠建青年

　　香港綠色建築議會成立至今已有15年，我邀請創會主席Andrew回想當年，談到時任發展局局長林鄭月娥女士在香港綠色建築議會活動發言時，曾巧妙地用「5As」去概括香港綠色建築議會的初始工作重點及期望，即是 Assessment、Accreditation、Award、Advocacy 和 Acceleration。前3As，分別是關於綠建環評、綠建人才和綠建大獎等推廣綠色建築的基礎工作，此時正漸上軌道；後2As，宜演繹為「提倡」和「提速」。而提倡綠建的

香港綠色建築議會創會主席陳嘉正力倡業界貢獻綠建和培育青年

邁向 碳中和
香港 人和事

對象，可涵蓋年輕人群組，例如自 2011 年香港綠色建築議會創辦「綠色空間 由我創造」學生比賽，旨在把綠色建築的知識灌輸給年輕一代，倡導青年成為推動綠建的先鋒。Andrew 對栽培人才的事宜很上心，心想香港綠色建築議會當年曾培育的綠建先鋒經約十年後成才了，可參與香港環保低碳轉型的提速前行。

回望，香港綠色建築議會創立前後，充滿挑戰，包括在孕育階段要排除萬難、團結香港最大範圍的綠建力量；於開創階段的頭幾年，需要與同業和同事們為數個綠建關鍵範疇，如對綠建環評 (BEAM Plus)、綠建專才 (BEAM Pro) 等的提速行動打好基石。香港綠色建築議會正穩步成長，而推動綠建的工作亦從「5As」邁向「6As」，意指香港綠色建築議會已於近年新增了 Advancing Net Zero 的事宜，即是「邁向淨零」的新範疇。2023 年 6 月，香港綠色建築議會公布了首份《建築環境氣候變化框架》，同年 9 月啟動「零碳就緒建築認證」，密密步地加速建築環境的深度低碳轉型。衷心多謝香港綠色建築議會歷屆主席的承先啟後，以及關聯機構、眾多委員、同事和綠建人才等多年來眾志成城，透過綠建，支持氣候行動，包括邁向碳中和的大路向。

2024 年 6 月初，香港綠色建築議會邀請了剛榮休的前執行董事陳永康博士工程師 Cary 開講。我亦應邀出席，除了感謝眾人，我有感而發，對前行的綠建工作倡議添兩個「A」：Adaption 和 Advancement。前者指加強氣候適應，以應對日益惡化的極端天氣事件；後者指提質，期望提升業界人士應對氣候變化的專業質素和能力，以面對日趨複雜的挑戰。推動綠建前行，可以合共「8As」。

2.4

零碳天地的
一伙建築師

　　2012 年 6 月，九龍灣鬧市中的「零碳天地」正式落成，代表香港綠色建築演進的又一里程碑。我當年任職於呂元祥建築師事務所（RLP），作為主責此項目設計的建築師，感謝當年發展局政策上的前瞻性、建造業議會的支持及悉心營運，以及建築設計顧問和建造團隊等的戮力以赴，在相對短時間內從構思設計至建造竣工，成就了區域內首座如此規模的標誌性零碳建築。至 2022 年年中，「零碳天地」十歲喇！我相約了當年「零碳天地」設計和建造時期的建築師小隊回訪敘舊，與一伙舊同事回顧此十年前的創舉，並展望香港邁向碳中和的大趨勢。

2010 年代初香港首座零碳建築的設計初稿象徵碳足印如同五腳指?

零碳築印

本地首座零碳建築的設計,如何邁向零碳?先決在善用自然環境,建築師葉頌文博士 Tony 以打油詩概括設計原則:「南向迎風納夏涼,北窗採光省照明,草頂光伏隔傳熱,綠化滿園降熱島。」同時,此項目善用科技:「採陽轉廢再生能,智慧節能慳電費,節水循環再生源,健康低碳綠建材。」換言之,力壓建築物使用期相關的碳排放量,尤其要節能慳電,同時力爭在地可再生能源作抵消,力求「清零」(零碳足印)。當年,設計小隊不僅力爭零碳足印內涵,而且力求有諸內形於外。建築師梁文傑 (MK) 和陸沛靈 Jane 回想,概念設計時,以三維曲線結合主建築物外型和公園,呈現立體足印匠意,象徵「碳足印」。但在深化設計時,將外形簡化了。各位到訪「零碳天地」,仍可尋找弧形太陽能光伏板斜屋頂上五隻大腳指嗎?

零時十分

2012 年 6 月零碳天地開幕當天建築師同事相約我十年後舊地重遊

2022 年中與零碳天地建築師同事舊地重遊並暢談香港如何邁向碳中和

設計及建造時，團隊包括眾多專家顧問，精益求精，但項目同時要求提速，共 15 個月由零開始至竣工。建築師陳浩文 Andy 尤記竣工前約十個星期的深宵，仍留地盤，為公園林區的圖則衝死線。在「零碳天地」的大公園內，旨在設計香港首個都市原生林，話說當時原本已揀選二百多種本土植物，當晚工作會議至零時十分，團隊仍想再多添植物品種，為生物多樣性提量提質，但時間已迫至林區施工圖最終出圖的臨界點。Andy 回望，要獻上即場手繪圖則，當場壓力非筆墨能形容。惟「零碳天地」的一伙建築師，為提升環保設計，力求突破，心態十分堅定。全球氣候變化，其實已屆臨界點；香港火熱的極端天氣，正年復年破紀錄。全球各地，及早深度低碳轉型以及加強氣候變化應變能力等，都十分重要，當下已屆氣候行動提速的關鍵時刻。

零近距離

　　「零碳天地」四通八達的公共空間設計，成就高度開放的綠色天地。平日，常見大眾路過零碳廣場、流連都市原生林、閑坐都市綠洲和低碳咖啡間等；假期，同樣見眾人樂在其中，小朋友嬉戲自由奔放。不時，亦見各式相關活動如環保市集，將低碳行動融入大眾生活各層面。大家有所不知，其實大公園下潛藏巨型雨水渠斜角橫行，令地面上的建築佈局甚受限制。建築師姚鑫波 Vince 回想，當年建築師團隊巧妙地保留了地盤中央的原樹群，同時構思了零碳廣場、青草角落等多樣化公共空間，將先天的地盤限制化為設計時的空間機遇，因地制宜，化危為機。「零碳天地」是全球罕有融入城市中心高樓群的零碳建設，旨在便利大眾近距離接觸低碳生活。香港邁向碳中和的旅程中，需要低碳綠色建築設計，同時需要使用

十年後欣見零碳天地發揮節能綠建示範作用助力香港邁向碳中和

者日常配合低碳生活，過程中若能化危為機，可締造綠色經濟的發展機遇，亦可營造低碳樂活的社會模式，拉近邁向可持續發展的距離。

零碳之約

2012 年 6 月 26 日「零碳天地」開幕當天，建築師同事與我相約十年後舊地重遊。十年之約，在 2022 年年中實現了。藉此重敘之約，大家分享了十年來藏於各自心內的「零碳天地」故事，包括創造主建築、原生林及大公園的心路歷程，以表支持香港進一步力爭

又見零碳天地的一伙建築師包括葉頌文博士（左一）投身承傳綠建

零碳的天地。十年人事幾番新，各建築師的事業足印各異，但大伙兒一致支持低碳轉型大路向。而我作為「零碳天地」主建築師，也剛巧任滿兩屆環境局局長，為香港訂下碳中和之約，當中引領各大新發展區邁向零碳規劃，而本地新增的零碳建築項目，將包括將軍澳已修復堆填區上環保村等。近年，香港綠色建築議會亦已新增了 Advancing Net Zero 事宜，即是「邁向淨零」的新範疇，例如在 2023 年公布《建築環境氣候變化框架》並啟動「零碳就緒建築認證」，推動建築業界加速深度低碳轉型，支持香港邁向碳中和。

至 2022 年，「香港綠色建築週」（Green Building Week）也十周年了。啟動禮在「零碳天地」舉行，配合本地零碳路向，當

中呼籲大眾日常生活要更加知慳惜電。觀乎近年全球電費颷升，慳電慳錢實在為自己又為人人。近年香港，住戶每月每戶都有電費補貼兼紓緩金，若大家知慳惜電，不少家庭電費可近零，例如我家自 2020 年 1 月至今還是每月零電費。應對氣候變化，邁向零碳之約，慳電減碳，建築業界有責，普羅大眾有責。補充，此項目現名為「建造業零碳天地 (CIC-Zero Carbon Park)」。

歡迎公眾及專業人士參觀零碳天地並一起支持邁向碳中和的承擔

第三章

3.0

轉

2012 年 7 月 1 日，正式轉任環境局局長。猶記得就任初期，積壓已久的環境挑戰，包括改善空氣質素和加強減廢回收兩大項。前任局長在金鐘政府總部辦公室跟我交接時，曾窗前遙指，望越維港的能見度，或是本地空氣質素的實時監測。當時常常看不清對岸群山。廢物管理是另一大難題，香港人均廢物產生量相比鄰近大城市高出幾成，同時回收未成大氣候，末端處理也過份依賴直接堆填等，既有堆填區正面對相繼爆滿之危。我和同事密密商討，應如何一步步扭轉乾坤？面對當年越來越複雜的社會政治環境情況，如何迎難而上，一步步轉化積存已久的問題，包括訂下更清晰的政策方向，致力將從缺的方方面面由「0 至 1」轉移，同時力爭將之打造成具相當質素的基礎，支持之後進而為「1 至 N」的里程。至 2015 年，聯合國氣候變化大會在巴黎舉行，是次會議稱為

COP21，我代表香港作為中國代表團一員赴會，見證《巴黎協定》的轉捩點，香港亦藉此轉機以深化氣候行動，至 2020 年宣布邁向碳中和的目標。同時，加強保育生態以至復育偏遠鄉郊，可配合低碳本地遊，一舉多得。

可持續發展藍圖系列

為加強支持香港的經濟、民生和環境可持續發展，我任內政策轉向之一，就是推動局方的主要工作範疇逐一制訂藍圖，立下願景、目標、時間表、行動計劃等，當中包括回顧既有工作及進展，同時展望短中長期的未來。首屆五年，政府跨決策局跨部門相繼就空氣質素、資源循環、都市節能、氣候行動、生物多樣性等訂下藍圖，平均一年一藍圖。至第二屆五年任期，則就資源循環、空氣質素、氣候行動三大範疇更新藍圖，並就電動車普及化開創首份路線圖。2016 年成立的政府高層次跨局跨部門「氣候變化督導委員會」及在 2021 年升格為「氣候變化及碳中和督導委員會」的架構，因勢利導制訂整體策略、監督工作進度。多謝政府跨局跨部門同事上下一心，多年來努力投入制訂相關藍圖並適時更新，支持可持續發展。當中《香港氣候行動藍圖 2050》的編製同事之一，如何回顧又前瞻？我重視諮詢委員會，在此多謝各委員會主席及委員，亦藉此書，記下與委員會主席之一林超英先生的一些集體回憶，以及環境局下首六位自薦青年委員的心聲。

減廢減碳咪做大嘥鬼

推動環保政策，往往需要軟硬兼施。例如廢物管理方面，一方面要移風易俗，另一方面要硬件配套以達至轉廢為材及轉廢為能。

而香港堆填區的生活垃圾之中，廚餘佔最多，約為總量三成，當年先行構思「惜食香港」運動，並成立惜食香港督導委員會，共同創造移風易俗新氛圍，象徵眼闊肚窄的「大嘥鬼」於是在 2013 年應運而生，其創作人以至坊間學者如何研判「大嘥鬼」？同時，應對氣候變化，減碳人人有責，我感謝不同的有心人支持低碳衣食住行，近十年間我遇上並有緣合作的高質佳例，包括推廣二手衣著的「JupYeah 執嘢」、低碳惜食的「一念素食」、社區回收網絡「6 仔」、低碳本地遊「V'air」等等，支持大眾轉向低碳樂活，支持香港邁向碳中和。

保育生態及偏遠鄉郊

應對全球氣候變化，低碳轉型固然是重中之重。任內，同時積極保育生態環境以至復育偏遠鄉郊，除了透過與持份者參與過程而訂定的香港首份《香港生物多樣性策略及行動計劃 2016-2021》，支持生物多樣性如保育珊瑚、籌劃紅花嶺郊野公園、開創以非原址換地長遠保育沙羅洞等，更支持復育偏遠鄉郊如沙頭角的荔枝窩、梅子林等，並於 2017 年尾的《施政報告》公布保育偏遠鄉郊的政策，並隨之成立「鄉郊保育辦公室」[1] 及宣示鄉郊保育資助計劃等措施，同期內地亦剛巧公布鄉村振興戰略，不謀而合。山旮旯鄉郊復

---

1 鄉郊保育辦公室 Countryside Conservation Office (CCO) 為保護鄉郊地區的自然生態、活化村落建築環境，及保育人文資源和歷史遺產，鄉郊保育辦公室（鄉郊辦）於 2018 年成立，優先處理、深化荔枝窩的鄉郊復育工作，同時推行沙羅洞的生態保育，自 2023 年起由環境及生態局環境科接掌。政府預留了 10 億元支持鄉郊辦推出的各項偏遠鄉郊保育工作，當中一半會透過鄉郊保育資助計劃，讓本地非牟利機構和村民互動協作，在相關鄉郊地區推展多元及創新的保育項目。

育不易，約十年前不同領域的有心人與村長村民等在客家古圍村荔枝窩先行先試，轉荒村為客家生活體驗村，隨後鄰近以至他區村落亦陸續因地制宜，鄉郊復育遂漸成風尚。

　　最後一提，近十年間，香港郊野公園的整體面積增長了，郊遊人士絡繹不絕，我亦山系中人。除了保育面積轉大，我樂見任內所推動的遠足人士「自己垃圾自己帶走」行山禮儀得到廣泛支持，義務清徑淨灘等公眾行動亦蔚為風氣，甚至進而提升為「自己山徑自己修」等義舉，當中需多謝眾多愛山之人，例如大帽山「連姐」以至山系女生鄭茹蕙 Vivien。

3.1

環保藍圖系列的
開荒者

過去廿多年作為建築師（或稱則師）、專注綠色建築科技和工藝的經歷，使我明白到，建築藍圖（或圖則）是「萬家綠建平地起」的基礎。2012 年 7 月 1 日，我經政治任命「空降」環境局。隨之邀請陸恭蕙 Christine 和區詠芷 Michelle 先後入局，一齊動手落筆，連年開墾一系列環保藍圖的新天地。

清新空氣藍圖

2010 年代初，香港空氣質素欠佳，影響市民健康以至營商環境。經與環境局同事商量，咸認首份藍圖宜優先及整全地應對空氣污染問題。時任環境局副局長 Christine 擔當統籌，領軍連繫政府內外主要持份者，回顧既有行動、分析挑戰所在，並勾劃新目

自 2013 年一系列《香港清新空氣藍圖》及相關政策提升了空氣質素

標、時間表和路線圖等。2013 年 3 月，首份《香港清新空氣藍圖》面世，重點包括制訂大規模分階段淘汰老舊柴油商用車的「賞罰兼施」新政。2017 年 6 月，政府換屆前夕，主動公布《香港清新空氣藍圖 2013-2017 進度報告》，體現透明度。其時，空氣質素已在幾年間明顯改善，包括路邊主要空氣污染物如二氧化氮 ($NO2$) 和可吸入懸浮粒子 ($PM10$) 已減少約 30%。尤記得上任初期，遇歐美等外地商會代表，常提空氣污染影響人才留港之憂，幾年過後重遇，他們中的有些人會主動上前言笑晏晏，話看數據或窗外，已見

香港空氣質素明顯提升中。當然，我們仍需追求更好的空氣質素以保障公眾健康，2021年進一步公布了《香港清新空氣藍圖2035》，訂下更進取的目標和行動，並與最新版的氣候行動藍圖更緊密地互相呼應，包括籌劃氫能重型車輛如雙層巴士的發展，在提升空氣質素的同時提速減碳，展現一舉多得的策略。

資源循環藍圖

2013年5月，即是繼上述藍圖出爐僅約兩個月後，環境局又出爐以惜物減廢為主題的《香港資源循環藍圖2013-2022》。當中，重點指出問題核心之一，在於香港人均產生的家居廢物量明顯偏高。當時引述家居廢物量比較，香港人均每日達1.36公斤，而亞洲其他大城市如東京都、首爾市和台北市則人均每日在0.77-1公斤之間，相比港人低約30-50%！而在香港堆填區的生活垃圾中，廚餘佔約三分一，居首位，因此與減廢藍圖同月推出惜食香港運動，吉祥物「大嘥鬼」亦橫空出世，創意地推廣全民惜物減廢的生活態度，可從珍惜食物做起。整體來說，減廢需「軟硬兼施」，而硬件方面，其時香港在轉廢為材和轉廢為能上的基建設施和相關配套均甚缺，甚至基於歷史因由，仍需同時爭取立法會及早通過「三堆一爐」廢物處理基礎設施建設的撥款。「三堆」指香港三處策略性堆填區，早於1993-1995年間啟用，至2010年代需為即將爆滿而申請擴建；「一爐」則指香港多年來擬建的首座一般生活垃圾焚化爐，但過往一直議而未決。同事和我需排除萬難，終於至2014年尾及2015年初，「三堆一爐」先後得立法會財委會通過撥款，整全的減廢藍圖亦應記一功。誠然，多個環境局政策範疇中，廢物管理最具挑戰，不但需時梳理積壓久遠的歷史問題，如「三堆一爐」，而且軟件方面如扭轉普羅大眾的不良習慣，需要「胡蘿蔔和棒」

陸恭蕙 (右) 和區詠芷 (左) 與跨部門同事開創了一系列環保藍圖新天地

(carrot and stick) 才可望有效地移風易俗，社區回收網絡「綠在區區」自 2020 年尾新增的綠綠賞是鼓勵措施（「胡蘿蔔」) 好例子之一，建議落實都市固體廢物收費 (俗稱「垃圾收費」) 則是「棒」的例子，其實垃圾按量收費更是基於「污染者自付」原則。2021年公布的《香港資源循環藍圖 2035》檢討了之前的進展和得失等，

並訂下務實而進取的新目標，包括邁向「零廢堆填」並且減廢又減碳，配合香港邁向碳中和。

生物多樣性策略及行動計劃

2016 年 12 月，香港公布首份城市級的《生物多樣性策略及行動計劃》(Biodiversity Strategy & Action Plan, BSAP)。政府自 2013 年開始制訂《生物多樣性策略及行動計劃》，過程中強調社會參與，成立了督導委員會及工作小組，廣邀來自民間的專家學者和相關人士先深入討論、之後於 2016 年初進行公眾諮詢。集思廣益下，《生物多樣性策略及行動計劃》提出四個主要範疇，包括加強保育措施，如設立紅花嶺郊野公園、增設多個海岸公園；將生物多樣性主流化，如活化明渠、更新並修訂《香港規劃標準與準則》以納入有關考慮生物多樣性的指引；增進知識，如進行生物多樣性調查；以及推動社會參與，如舉辦生物多樣性節 (Biodiversity Festival)。

自 2015 年政府跨部門加強氣候行動，涵蓋減碳和氣候適應及應變能力

氣候行動藍圖

2015 年聯合國氣候變化大會 (COP21) 在巴黎舉行，最終達至《巴黎協定》。當年我代表香港特區政府，與同事赴會。出發前已經在港積極部署，包括在 2015 年 5 月推出本港首份《香港都市節能藍圖 2015 ～ 2025+》，同年 11 月公

布《香港氣候變化報告 2015》，這些行動都強調政府跨部門、業界以至市民大眾的協作。2015 年 12 月，COP21 完會，我回港後向時任行政長官和政務司司長建言，在 2016 年初成立由政務司司長領導的高層次督導委員會，成員包括所有政策局局長和相關部門首長，以強化協調和更新香港的氣候行動，並於 2017 年 1 月公布香港首份《香港氣候行動藍圖 2030+》，時任行政長官和全體司局長都獻詞，全力支持加強應對氣候變化。配合這重磅政策藍圖文件，輕盈版的藍圖小冊子亦應運而生，便攜式設計，亦便利市民可一目了然相關重點，涵蓋氣候行動的三大範疇：減緩、適應和應變能力。《巴黎協定》要求各地應每五年一檢以通盤檢討各自的氣候行動計劃。故此，2021 年 10 月政府公布了《香港氣候行動藍圖 2050》，當中重點是香港力爭 2050 年前實現碳中和的路線圖。

上述一系列藍圖和報告，從政策內涵至設計外表，都經群策群力，開創了先河，希望成為往後相關政策藍圖的範本，這些貢獻需多謝眾多參與者，包括時任行政長官、司局長、政府跨部門同事、社會上相關持份者等。在這首五年間，時任環境局副局長 Christine 擔當了關鍵統籌和主編角色，政助 Michelle 以至局長政務助理等提供不少協助，當中 Michelle 對減廢藍圖尤其投入。2017 年 6 月，政府換屆前夕，環境局還適時公布《香港邁向可持續發展城市之路：環境報告 2012-2017》，扼述各重點藍圖範疇的關鍵績效指標 (KPI) 進展，致力開誠布公。

2021 年推出了《香港氣候行動藍圖 2050》，支持邁向碳中和及更環保

2022 年所公布《香港環境報告 2012-2022》便覽近十年的環保進程

至 2017-2022 年的五年間，縱然香港社會經歷了長時間內不同的重大衝擊，環境保護以至氣候行動的腳步不宜放緩，建基於 2012-2017 年所積累的環保藍圖系列經驗，2021 年內仍有序地相繼推出了《香港資源循環藍圖 2035》、《香港電動車普及化路線圖》、《香港清新空氣藍圖 2035》及《香港氣候行動藍圖 2050》，這些政策藍圖的構思和措施都致力展現環環相扣，力求一舉多得，共同支持香港力爭 2050 年前實現碳中和。

　　最後，在時任副局長謝展寰和政助 Michelle 等支持下，2022 年 6 月公布了《香港環境報告 2012-2022》，方便總覽香港近十年間的環保進程以至邁向 2050 年的未來重點展望，當中香港人均碳排放量，已經由 2014 年逾 6 公噸的峰值，降至近年約 4 公噸，即已減約 30%。此報告亦羅列了這十年間的施政亮點，可以六個「I」去概括：Interaction（互動協作）、Innovation（智慧創新）、Interaction（協同共贏）、Improvement（環境改善）、Investment（資源投放）和 Infrastructure（開拓基建）。衷心感謝當時環境局、環保署及其他相關政府部門同事的同心協力，迎難而上，支持香港的可持續發展。

3.2

可持續城鄉郊野的
惜物仁人

　　環境局長任內，任務之一是要物色合適人選擔任不同委員會的委員，當中主席人選自然尤需慎思。2012 年年中初上任時，最先需找人選的委員會，就包括環境運動委員會，林超英先生從天文台台長崗位退下已三年，他被提名。之後十年間，他和環境局持續結下不解之緣，涵蓋復育荔枝窩、保育沙羅洞，以至力爭碳中和等，貢獻良多。

力推環境運動

　　林超英先生自 2009 年從天文台台長崗位退下後，到處演講，也到大學授課，主調是氣候變化對人類社會與生物界的衝擊，旁及可持續發展和生活方式等。2013 年，林應邀擔任環境運動委員會

2013 至 2018 年，時任環境運動委員會林超英主席 (前右五) 力推知行合一

主席，至 2018 年底，足滿六年後離任，成為他最長時間服務的政府委員會主席崗位。當年，他與委員們都意識到香港人「環保」知識不弱，但生活上尚未能「知行合一」，因此主動出擊，策動走入民間的項目，促進大眾行為轉變，例如，把世界環境日慶祝儀式改為吸引市民的同樂日、推動「綠色年宵」促成業界與大眾一起惜物減廢、向社區活動提供可重用餐具等。任內最後一場委員「集思會」，更訂立了向幼稚園學生推廣愛護環境的大方向，力推自小養成減少傷害地球的生活習慣。環境運動，任重道遠，繼任主席先後包括香港中文大學前校長沈祖堯醫生和飲食界達人黃傑龍先生，各展惜物仁人的不同手法以推動環保。

支援長遠減碳

回應《巴黎協定》，本地首份氣候行動藍圖於 2017 年頭出台，

隨之我部署五年一檢的過程，希望透過與民共議以助訂定香港進一步的減碳目標。2018年，林又被委任為可持續發展委員會「長遠減碳策略支援小組」召集人。林回憶，首次會議，委員就聚焦2050年的減碳目標。面對急遽轉變的科技和全球局勢，兩年間委員們探究新知，例如綠色氫能的急速冒起，至2019年「長遠減碳策略」公眾參眾階段，一方面收集民意，另一方面教育公眾「減碳」所為何事。當時，林感覺商界已醒覺，不少已開始知悉減碳是可持續經營的正道。至2020年最終會議，建基於由下而上所支持的深度減碳路向，委員一致同意邁向碳中和的2050年目標，也爭取在替代能源選項中加入綠色氫能，好讓綠氫產業在香港得以起步。2024年初，林試坐了香港首輛氫能雙層巴士，話真的很興奮。

2018至2020年林超英(左二)支持可持續發展委員會長遠減碳策略工作

邁向 碳中和
香港 人和事

復育偏遠鄉郊

　　我未任局長前，已遇上不同人士跟我透露復育荔枝窩的想法。在任期間的不同階段，自然樂於支持復育偏遠鄉郊，這些都是香港應珍重的社會資源。當中，林和香港大學吳祖南博士（1960-2019）有緣相遇有意復村的荔枝窩村民，經入村考察以及與多方有心人士互動交流，漸建互信。2013 年起，林多次擔任香港鄉郊基金 (Hong Kong Countryside Foundation) 主席，荔枝窩村成為工作重點。同年，香港大學組織「永續荔枝窩」項目，林和吳代表香港鄉郊基金負責聯繫村民和租用田地，由於業權複雜、城鄉概念差距等原因，過程艱鉅，但復耕後重現插秧景象以至重嚐家鄉米飯，原居民回鄉見之笑逐顏開，復育「種子」應沒有白費了。2017年起，香港鄉郊基金一方面以政府資助的「自然管理協議」延續荔枝窩「自然友善農耕」，逐步鞏固在村定居的小社群，另一方面獲得馬會慈善信託基金資助活化村屋為「客家生活體驗村」，至 2023年竣工，期間輔以一些政府資助項目，以促進當地經濟、改善鄉村環境、扶持在地社企、提升水路交通等。林回顧十餘年來，在一伙人的復育「耕耘」下，荔枝窩漸漸重現村民回鄉定居、重建里山生態、重振傳統風貌、重塑在地經濟，又觸發鄉村人仿效復育、城市人欣賞這些「桃花源」、政府確立偏遠鄉郊保育政策等，始料不及，但樂見其成。

2013 年香港鄉郊基金聯繫村民簽田地租約以配合港大永續荔枝窩項目

林超英團隊與荔枝窩村民喜獲香港建築文物保護師學會 2022 年度獎項

保育高山濕地

2012 年年中，我甫任環境局局長，香港鄉郊基金就因沙羅洞高原濕地的保育爭議而陳情，提出以非原址換地方式概念，長遠由政府管理解決。沙羅洞被喻為生態重要性全港第二高的「山中的米埔」，其發展與保育的爭議持續了幾十年。期間，被丟荒以至人為破壞，令濕地生態受損，其主要土地擁有人曾提出不同構想，包括興建骨灰龕場，但都未能滿足保育整體生態環境的要求。1980 年代初，我在大學年代曾在沙羅洞作田野考察，三十年後有緣處理這片生態寶庫的未來，由於事涉土地政策，亦並無先例，過程錯綜複雜。最後，政府落實以非原址換地的創新方式，以山腳下的大埔船灣已修復堆填區換得沙羅洞高原濕地，生態得以長遠保障，這應是我任內耗時最長的保育「事件」，歷兩屆特首支持，歷時達十年之久。

以上事例，均見林超英先生的全情投入。他從專業認識全球氣候變化，看到禍害實由人類中眾多「大嘥鬼」造成，促成他選擇簡約生活，並致力推廣惜物減碳的生活態度，推動香港實現碳中和目標。同時，他由愛好觀鳥及行山等，繼而積極參與自然保育和鄉村振興工作，以展示見得到的「可持續發展」鄉郊生活模式。這些多元範疇，看似涉及不同領域，實是環環緊扣，更是全靠仁愛之心推動。願見更多惜物仁人，合伙移風易俗，邁向零碳、振興鄉村和保育自然。

2012 年 5 月香港鄉郊基金因沙羅洞的保育爭議向時任發展局局長陳情

3.3

香港碳中和路線圖
一前小編

2022 年 10 月 8 日，是二十四節氣的「寒露」，原本代表深秋將至。惟四天前，香港迎來有記錄以來最熱的重陽節，當日仍暑熱高溫，這一天，亦是《香港氣候行動藍圖 2050》發布一周年的日子。2021 年 10 月 8 日，政府跨部門公布《香港氣候行動藍圖 2050》時，香港罕遇 10 月風球襲港兼黑色暴雨，熱帶風暴名為「獅子山」，暴風雨中，記招會公布香港力爭 2050 年前實現碳中和的路線圖。氣候變化，天氣異常。年青人杜珮煒 Olivia 為《香港氣候行動藍圖 2050》小編之一，感謝她參與分享香港氣候行動「分水嶺」歷程的人和事。

氣候政策分水嶺

2017 至 2018 年間杜珮煒 Olivia 參與倡議社區太陽能發電相關政策

早年，Olivia 任職國際環保團體，專責氣候變化及能源政策倡議工作，有回遇上時任環境局局長，就減碳策略積極進言。但當其時，大眾對此認知不深，甚或覺氣候行動似乎遙不可及。2017 年 1 月，Olivia 見政府因應《巴黎協定》推出《香港氣候行動藍圖 2030+》，引發持份者對此由冷轉溫，如各大機構應政府之邀訂「4T」慳電目標，整體成效等於 5 年內大致節電共 5%！「4T」意指訂立減碳目標 (Target) 及時間表 (Timeline)，同時體現透明度 (Transparency) 及一齊做 (Togetherness)。隨之，社會各界逐步深化聚焦討論，可謂香港應對氣候變化的分水嶺。

減碳行動分水嶺

2018 年，Olivia 於氣候行動活動中又碰上時任環境局局長，再被問及提速減碳的想法。Olivia 道出本地發電中可再生能源提量的挑戰。發電是本地最大碳排放源，轉向零碳能源發電是關鍵，當中重點策略包括：淘汰燃煤發電，以及新設可再生能源「上網電價」。行動最實際，2017-2018 年間，Olivia 捨易取難，走訪全港各區以爭取市民、企業 / 電力公司、議員、學者及環團等支

持，並先後發起 3 個先導計劃，即「大澳太陽能發電計劃」、「企業可再生能源證書」及「全太陽能流動咖啡車」，同時基於意見分析，提出本地可再生能源目標應訂為 10%。相關行動真能影響政策？Olivia 猶記 2018 年 4 月 17 日政府公布「上網電價」計劃，令香港的社區可再生能源發展提速起航，是當時一大「喜事」。

青年職場分水嶺

Olivia 見氣候工作漸上軌道，決定為自身工作開新篇，2018 年下旬入職環保署，希望進一步拓寬個人視野以應對環保挑戰。

2018 至 2022 年間 Olivia（右）轉職環保署與同事全情投入氣候政策工作

Olivia 理解政府角色，要透過協商協作等，為香港落實更進取的環保政策。在該部門約 4 年，Olivia 歷不同崗位，包括跨境及國際事務組，專注氣候政策、推廣及碳審計工作；隨後更被調往政府總部，協助首長們完成編製《香港氣候行動藍圖 2050》，訂下香港首份碳中和路線圖，並引發各方持份者由溫轉熱，紛紛成為碳中和伙伴。Olivia 回想，對《香港氣候行動藍圖 2050》的一字一句、一圖一色、一頁一釘等，整個團隊都認真投入，為未來幾十年的氣候行動「瞓身」思量。

越過碳峰走向谷

香港碳排放量在 2014 年已達峰，之後香港人均碳排放量遞減中，由峰值時人均 6.2 公噸，減至近年 4.5 公噸，《香港氣候行動藍圖 2050》見初效。至近年，煤電比例已降至約兩成，至 2035 年基本上將被淘汰；而數年間「上網電價」個案已速升至約兩萬個，是政策落實前的百倍增長！《香港氣候行動藍圖 2050》亦已將本地可再生能源目標提量，至 2035

2021 年 Olivia（右）參與編製《香港氣候行動藍圖 2050》並心繫碳中和

年邁向 10%，之後增至 15%。2022 年上半年，Olivia 轉職大學，進校園谷中「練功」，虛懷若谷繼續氣候行動志業。之後，投資推廣署新成立碳中和專責團隊，支持香港加速走向綠色科技及綠色金融「雙引擎」發展，扮演連接國際與內地的「超級聯繫人」獨特角色，2023 年 Olivia 投入其中，日常工作需與各政策局及部門、商界及行業團體緊密合作，包括策劃綠色科技及創新的行業論壇、展覽和圓桌會議，進行演講及支持業界活動等。她專注吸引相關企業來港營商投資及研發，此舉有效將低碳創新技術及人才引進香港。2023-2024 年，Olivia 協助團隊及與歐盟駐港澳辦事處進行策略合作，以淨零建築、低碳能源、綠色運輸、轉廢為財作主題論壇，共同力「谷」香港和歐盟的碳中和發展。

全球各國正積極推動綠色經濟轉型，香港亦隨碳中和路線圖，續漸走向低碳經濟發展，此革命性改變，將帶來巨大綠色商機及創

Olivia 自 2023 年轉職加入投資推廣署新設的碳中和專責團隊工作

科機遇。現在日常工作時，由於綠色科技涉及不同範疇，Olivia 有時需半天出入工地，半天參加會議不足為奇，她亦喜歡「落場」支持。日常生活中，Olivia 喜低碳樂活，試修行挑戰前環境局局長的慳電減碳紀錄。近年在港，住戶有電費補貼兼紓緩金，若大家知慳惜電，不少住戶包括 Olivia 可享近零電費，面對全球能源價格飆升危機，慳電慳電費亦減碳，一齊做！

Olivia 工作時間以外積極進修充實自己並樂於廣傳碳中和的相關事宜

3.4

頭六名自薦計劃的
青年委員

青委鍾芯豫、郭善彤、吳芷欣 (右起)、何志輝、凌紫燕和譚建忠 (右六起)

2018 年 8 月，時任政務司司長網誌指「青年委員自薦試行計劃」後，推出第一期自薦計劃，可持續發展委員會 (Council for Sustainable Development) 最受歡迎。環境局支持青年委員自薦的計劃，局方屬下頭幾個參與的委員會包括環境運動委員會、惜食香港督導委員會、可持續發展委員會等。多謝當中六位「先鋒」自薦青年委員，分享其中人和事。

與環境運動委員會委員包括青委（右二和三）行山都體現「環保身開始」

拍住大嚿鬼

2017 年「青年委員自薦試行計劃」出台，吳芷欣和何志輝 Henry 申請，2018 年成為自薦先鋒加入了環境運動委員會 (Environmental Campaign Committee, ECC)，心情興奮、緊張，心想，可與大嚿鬼「拍住上」！開會時，Henry 指環境運動委員會宣傳若限於傳統媒介如電視廣告、海報，對青少年的穿透力不夠，提議新開 Instagram (@ecc1990) 官方帳號，輕鬆貼文可貼近年輕一代，之後他的意見被委員會接受。至近年，帳號粉絲已經逾萬。芷欣則積極參與了環境運動委員會與香港電台合製的《環保身開始》節目，從資料搜集到各集主題設計，她與其他委員和香港電台緊密合作，透過專題節目帶出各環保議題和大眾健康的切身關連，芷欣更粉墨登場，用自身知識及經驗推動低碳生活。快樂不知時日過，政府委員會委員任期一般六年為上限，他倆已服務滿六

年，樂見環境運動委員會勇於採納青年想法，無論如何他倆會持續為環保減碳出力。

大嚿鬼鄉下

2018 年「青年委員自薦計劃」常規化，郭善彤 Stella 和凌紫燕 Veronica 屬第一期自薦青年委員，加入惜食香港督導委員會 (Food Wise Hong Kong Steering Committee)，即是大嚿鬼的發源地。2019 年初，首次參與惜食香港督導委員會活動並面見主席（即是時任環境局局長）及其他委員，但不在會議室，而是關懷弱勢長者的惜食聚餐，那時新冠疫情未至，大家都留神惜食又關愛的笑臉，邊論惜食，邊嚐剩食升級而成的美食，同時孝敬同枱「老友記」。惜食香港督導委員會的體驗多元化，除了在會議室正經表述，亦跟社福機構交流，也考察首座廚餘轉廢為能設施 O．PARK1，並在現場開會探討廚餘回收方案。另外，Stella 曾跟局方探討如何協

惜食香港督導委員會青委曾考察轉廢為能設施 O．PARK1 並支持廚餘回收

助大中小學及屋苑尋找合適的廚餘回收設備、安裝點及資助可行性等，經各方努力，相關資助項目陸續落地。展望未來，他倆會繼續弘揚前輩們孕育大嘥鬼的初心——「咪嘥嘢」！惜食減廢又減碳。

去碳又走塑

「青年委員自薦計劃」常規化之下，另外一對首期自薦青年委員鍾芯豫 Natalie 和譚建忠 Jerry 在 2019 年加入了可持續發展委員會。上任伊始，即被即將開展的可持續發展委員會「香港長遠減碳策略公眾參與」活動大感震撼。政府政策一般以諮詢形式收集民意，但可持續發展委員會的公眾參與與別不同，強調由下而上，包括舉辦數十場論壇和工作坊、派發萬份問卷等，深入了解公眾對減緩氣候危機的取態。2020 年 11 月，當政府正式宣布香港力爭 2050 年前實現碳中和，他倆都非常慶幸曾積極參與了「香港長遠減碳策略公眾參與」整個過程，包括多方面的籌劃，如設計問卷、為公眾論壇及諮詢報告等出謀獻策。Natalie 建議舉辦青年論壇，她的意見被委員會接受，隨後青年專屬論壇順利誕生。2021年，可持續發展委員會推出另一公眾參與，銳意管制即棄塑膠，配合「走塑」，過程亦延續舉辦青年論壇的做法。經歷委員會的各種歷練，及其他委員的引導，倆人成長迅速，會繼續致力引入新想法和國際視野，支持香港加強減廢「走塑」減碳。

「青年委員自薦計劃」現屬民政及青年事務局，青年委員們會否有機緣與民政及青年事務局局長交流？若有機會，他們是否會就《青年發展藍圖》如何將配合國家「雙碳」目標與提供年輕人學業就業等機遇有機融合表達關注？無論如何，六位自薦青年委員回顧過往數年在不同環保相關委員會的經歷，都感有幸參與其中，並會繼續同行推廣惜食、走塑、減廢、減碳，支持香港邁向碳中和。

眼闊肚窄大嘥鬼的
原創作人

2022 年 7 月 23 日，大暑，當日我以「一伙人」系列標題，在社交媒體發放首篇回顧近十年間香港環保人和事的帖子，每篇所敘述的故事都經不同的相關人士共構合撰。「一伙人」首篇故事，由宣傳策略顧問王嘉明 Karin 回顧大嘥鬼的來龍去脈，剖析「鬼鬼」近十年來非一般的起承轉合，既解構源起、亦解密美麗的誤會。

眼闊肚窄

2013 年 5 月 18 日，烏卒卒又樣怪怪的大嘥鬼在香港出世。其實鬼鬼的「八字」原來源自七個字：眼闊肚窄大嘥鬼！莫小看此七個字，鬼鬼的身形面相以至性格命運，即是從外至內，都由此而

生。鬼鬼的原創過程及歷年發展簡史，代表了一種非常規另類宣傳手段的出奇制勝，亦可謂大膽嘗新、敢於突破的結果。故事開頭純為「惜食香港運動」而生，而鬼鬼並不高高在上指指點點大家應如何惜食環保，更甚者鬼鬼如不少人一樣不知不覺間變得眼闊肚窄，且各式各樣浪費壞習慣如影相隨，但是走下去，大家都有機會減少陋習，生活得越來越「咪做大嘥鬼」。

宣傳策略顧問王嘉明 Karin(右一) 向大學師生解說大嘥鬼如何鬼馬助攻環保

Karin 話常被問：「大嘥鬼樣貌是否跟某某（即是時任環境局局長）而畫？」

大嘥鬼自 2014 年開設臉書專頁並獲「藍勾勾」（藍色驗證徽章）屬全球領先

美麗誤會

鬼鬼出道，其貌不揚，說話幾招積、表情常無禮。此另類嘗試，令創作團隊初見負評，好在「自古成功在嘗試」，鬼鬼一步步開創了一條精彩「鬼生路」，並化解誤會，有效感染不少眾生多些惜食環保。但似乎另一美麗誤會常存，人常問：「鬼樣是否跟某某（即是時任環境局局長）而畫？」實情是當年因應上面提到的「七字」八字命盤，催生了不同胎型，最終要某某拍板。不知是否某某覺得某造型甚有親切感而揀之？答案實屬千古之謎，不過因大家有美麗的誤會，更加留意「鬼鬼」，又更加關注惜食環保，何樂而不為？

鬼盡其用

早期出席活動，不同的小插曲都令製作團隊可以好興奮。例如某天，「鬼鬼」到某場地綵排時，就如其他人員一樣靜靜地等候監製安排工作，但突然間傳來小童尖叫聲：「大嘥鬼啊！」原來有小朋友路過，遇上開心大發現，於是飛身緊抱大嘥鬼。見證此時此刻，大嘥鬼「監製」Karin 真感動。另外，在食肆飯桌旁，聽到大人細路於言談間互提「咪做大嘥

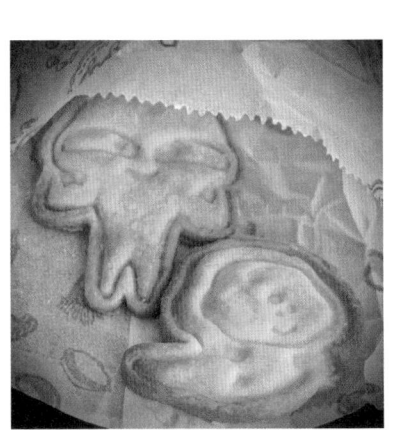

眼闊肚窄大嘥鬼的原創造型配以生鬼百變宣傳手段，致力推廣惜食至碳中和

鬼」、「食幾多嗌幾多」、「食唔晒都唔好嗌」等，大眾不知不覺間在

盡用「鬼鬼」所宣傳的惜食金句，團隊都樂見鬼粉遍民間呀。因應近年環保教育所需，「鬼鬼」的宣傳業務可謂蒸蒸日上，從惜食逐步擴展至全民減廢、全民節能、全民減碳等，包括不時轉化分身成為「慳神」，推廣慳電慳錢之類。一身多用，包括參與抗疫宣傳，是否在身教示範珍惜資源，宜物盡其用？

環保新篇

藉此，感謝環保署的相關同事、惜食香港督導委員會的當年委員，以及宣傳創作的團隊各成員等，勇於投入創新及互動協作，開

余志光、張國麟、林偉雄 (後左起) 和梅詩華 (右一) 設計 6 仔舖時不忘大嘥鬼

邁向 碳中和
香港 人和事

創作業新風，重點更是有效推動移風易俗，請大家加緊惜食減廢減碳。送上此篇回顧故事予「鬼鬼」，祝願「鬼鬼」在新局下，與其他政府部門的吉祥物如度天隊長、清潔龍阿德、下水水、B 仔、食安仔和食安妹妹（分別為香港天文台、食環署、渠務署、漁農署、食安中心的吉祥物）合力再創新，同為環境及生態開新篇。有緣再見。

2024 年 3 月，我樂見「鬼鬼」又支持跨局跨部門合作，與水務署的「滴惜仔」、漁護署的「B 仔」和天文台的「度天隊長」，首次組成「水滴男團」，並同台演出全新出道單曲《點滴也是愛》。他們一伙人合力推動大眾加緊惜水節能減碳，配合邁向碳中和的路向。但是，大嘥鬼真的只是男生嗎？回想，大嘥鬼在造型設計初稿時，曾見心口有毛，但有鑑於大嘥鬼的定位是可男可女、可老中青，故此最終版的造型只聚焦「眼闊肚窄」。

補充，踏入 2024 年，大嘥鬼 11 歲喇！見到「鬼鬼」正致力推動各樣環保低碳轉型，宣傳口號包括「扭轉習慣，一齊減碳」，希望全民同行支持香港邁向碳中和。

3.6

大嘥鬼五型人格的
研究學者

研究新媒體、文創與樂活的學者蔡曉瑩 Christine，為大嘥鬼
（鬼鬼）起底？

博士生研究大嘥鬼

2013 年年中，「鬼鬼」出世，初期聚焦廚餘的環境問題，因它
為本港生活垃圾中佔量最大的類別。當時，Christine 在香港中文
大學新聞與傳播學院攻讀博士，研究社交媒體與公共關係，並分析
危機傳訊策略。有關的研究顯示，面對環境問題，社交媒體的互
動、即時及共創性，是推動公眾參與社區環保行動的最大助力。早
期研究發現，「鬼鬼」型格鮮明（眼闊肚窄）、口號簡易（咪做大嘥
鬼）甚有利深入民心，同時鬼鬼 FB 和 IG 強調即時、互動，共創

大嘥鬼因宣傳手法突出，在近年竟被大學教授看中成為論文研究的剖析對象

公眾參與的「惜食運動」，包括在年輕人心底播種，有效推動源頭惜食減廢。

鬼鬼社交媒體研究

　　Christine 現職恒生大學藝術設計系副系主任及助理教授，兼任恒生大學公共政策研究中心副主任，從事文創產業的研究及教育工作。她的近期項目，正是研究「鬼鬼」在社交媒體上的公共服務宣傳成效，靈感源自 2022 年 10 月恒生大學公開講座「點止大嘥鬼：咪嘥嘢！咪做大嘥鬼！」，我和創作設計團隊深入淺出講解「鬼鬼」等的緣起及成長歷程。Christine 的研究目標，在於提出跨學科理論框架，剖解吉祥物設計如何影響環境危機下的公共傳播策略。

從事文創產業研究及教育的蔡曉瑩
Christine 分析大嗤鬼社交媒體宣傳成效

大嗤鬼有五型人格

　　Christine 基於危機傳播及公共服務訊息設計理論，以「鬼鬼」多年來的所作所為，引作研究案例，提出「大嗤鬼五型人格」作為公共服務機構吉祥物設計的基礎框架 (The IDEAL Model)。透過學術分析，Christine 研究發現「鬼鬼」的功力，歸功於設計團隊巧妙培育其性格基因，達至五大傳訊成效：

● Internalization 內在化
　（「鬼鬼」能道出大家內在深處的想法及日常習慣）
● Distribution 訊息分布
　（「鬼鬼」在現實及網絡世界的環保訊息無處不在）
● Explanation 說明性
　（「鬼鬼」能貼地解說科學數據及環保措施的原理）
● Action 行動化
　（「鬼鬼」會簡單清晰點出大眾要採取的環保行動）
● Localization 本地化
　（「鬼鬼」貫徹香港本地的習俗文化及人文精神等）

咪做大嘥鬼的樂活

　　2021 年，我參觀恒生大學藝術設計系的年度畢業作品展，並與師生包括 Christine 進行交流，兩位修讀文化及創意產業文學士課程的同學 Mandy 和 Vanessa 匯報畢業專題研習報告。Mandy 提出可持續二手時裝的商業計劃書，設計一站式手機應用程式，鼓勵顧客重用或交換二手時裝，並提供平台便客下單改造或參加改造工作坊，旨在締造可持續時裝的共創社群。Vanessa 則提倡時裝設計應節約物料、轉化物料用途及採用簡約風格，升級再造二手時裝，以拉鍊及鈕扣設計扣連不同季節的時裝單品，實踐「一件時裝單品 四季皆可穿著」的升級再造。Christine 在文創產業管理的大學課堂，樂見學生有環保願景及實踐方向，同時有見隨著文創產業

Christine 亦走訪綠在區區並體驗用布碎等物料升級再造大嘥鬼公仔的樂趣

政策及樂活概念的普及化，更多人在日常消費中可實踐自己及家人的健康飲食、生活文化、身心靈、個人成長以及環境生態的可持續性，於是鼓勵學生以設計思維結合文創產業及樂活概念，為社會問題進行反思及提案，推動樂活又「咪做大嘥鬼」。

Christine 提出了大嘥鬼五型人格作為公共服務機構吉祥物設計的基礎框架

時至今日，「鬼鬼」不只是一個吉祥物。研究指「大嘥鬼五型人格」更能啟發其他公共服務宣傳的設計，同時，亦啟發邁向低碳衣食住行的人格。簡約樂活，可令心靈充實，會帶來更 ideal（理想）的生活及地球。祝願鬼鬼的公共服務越來越有型有格，人人減廢減碳也入型入格。

Christine 祝大嘥鬼的公共服務越來越有型並人人減廢減碳支持邁向碳中和

3.7

減多餘消費的 「執嘢」推手

　　低碳衣食住行樂活的「衣」，可從「JupYeah 執嘢」說起。「JupYeah 執嘢」的年資大過大嘥鬼。「JupYeah 執嘢」生於 2011年底，而「大嘥鬼」的念頭在 2012 年底孕育，以口語化廣東話為命名及宣傳取向，如「咪做大嘥鬼」、「咪嘥嘢」等口號，需多謝「JupYeah 執嘢」的啟迪。「JupYeah 執嘢」為網上換物平台，現今香港最大規模換物會舉辦單位，三女生尹寶燕 Ren、尹一庭 Kodi 和胡文珊 Samathy 為創辦人。Ren 分享她和夥伴孕育「JupYeah 執嘢」的故事，轉眼逾十年。

尹寶燕 Ren、胡文珊 Samathy 和尹一庭 Kodi(左起) 十餘年來力撐二手重用

百人計

　　從前，Ren 從事傳媒界工作，接觸不少環境和氣候議題。某次專題，關於當年剛興起的「合作性消費」(collaborative consumption)，即時下所講「共享經濟」(shared economy)，Ren 在搜集資料和採訪中，深感這生活模式可減緩嚴峻的環境問題，助減廢減碳。2011 年，《時代週刊》(Time) 評選「合作性消費」為改變世界的十大創意之一，剛巧其時 Ren 感工作太累而「裸辭」，正處在思考接下來該做些什麼的過程中，遂與友人等合辦了「JupYeah 執嘢」。當初，只是一個半公開換物派對，讓朋友們把不再需要的東西拿出來，分享有用東西，減少多餘消費，避免不必要垃圾。初試啼聲，73 人參與首次活動，她們已感到這模式的潛力。第二次活動，已升至逾三百人。

千人計

　　2013 年，一個環保達人頒獎典禮上，我有緣遇上 Ren，頗為欣賞「JupYeah 執嘢」三女生的移風易俗攻心計。2015 年，環保署轄下綠在區區的首個回收環保大站「綠在沙田」開張，其服務計劃不止於社區回收網絡，還提供源頭減廢的教育及體驗場地，首年就夥拍「JupYeah 執嘢」舉辦換物盛會。2016 年，環境運動委員會在添馬公園辦「世界環境日」大型活動，「JupYeah 執嘢」換物會又被邀進駐政府總部前綠茵草地。這兩次換物會，我在場都感

2015 年回收環保站「綠在沙田」夥拍社企「執嘢」舉辦換物會以推廣源頭減廢

邁向 碳中和
香港 人和事

2023 年執嘢在香港首創了一場試驗性二手百貨以吸引更多人轉向低碳選擇

受到「JupYeah 執嘢」團隊的魅力以及「執粉」的支持。據說，十餘年來，「JupYeah 執嘢」共辦了數十場活動，參與人數有時每場可逾千，甚至逾兩千。2023 年 6 月 5 日「世界環境日」，「JupYeah 執嘢」流動衣櫃 (mobile wardrobe) 進駐中環街市，免費派發精選男女裝，鼓勵大家以二手時裝取代消費。

萬人計

除了實體活動，「JupYeah 執嘢」相信交換物品這個行動可以植入日常生活中。自 2013 年，「JupYeah 執嘢」建立網上換物平台，經營至今，每日仍在審批大眾上載的共享物件，並會在網站分享二手衣物。「JupYeah 執嘢」善用線上平台，例如，面書 (FB)「執粉」人數已逾 65,000，IG「執粉」亦逾 12,000。經歷「JupYeah 執嘢」逾十年的沉澱，Ren 和夥伴們越來越感受到日常生活中減少多餘消費是一件快樂的事，低碳樂活有型又好玩，希望感染萬千「執粉」消費勿過度，甚至領略「斷捨離」的清爽人生。2015 年，與「JupYeah 執嘢」團隊在換物會場交流時，Ren 向我推介《斷捨離》一書。在此，再多謝 Ren 的啟迪，更多謝她與 Kodi 和 Samathy 一伙人並肩作「萬人迷」，逾十年來弘揚「JupYeah 執嘢」生活文化。

執嘢的二手百貨盛會吸引了「粉絲」如全身二手衫褲的 Jennifer (左一) 到場

邁向 碳中和
香港 人和事

十萬人計

　　Ren 特別關注時裝消費的問題，從換物活動到網站，見到大家拿出來最多的就是時裝，深刻見證眾多人的衣著消費方式不符永續原則：不少人很輕易購買新衫 (尤其是速食時裝)，然後棄置海量的衣物。如果這些衣物沒被循環再用，就會淪為垃圾。須知，時裝是全球第二大污染工業，尤其對發展中地區的社會影響極負面，故此 Ren 深信致力令更多人選擇二手衫，會是應對此問題的至低碳方式。2023 年初, Ren 受瑞典二手商場 ReTuna 啟發，「JupYeah 執嘢」在香港首創了一場試驗性的二手百貨 (Resell Library)，我亦去打氣，在場遇上不少年青「執粉」。據相關資料，ReTuna 吸客每年逾廿萬人次。因應本地至國際的環境意識和氣候議題的演化，Ren 及其團隊持續思考和嘗試，想對世界貢獻更多。我試問她們：「會否進一步考慮推動吸客數以十萬計的港版 ReTuna？」

　　順提，2018 年「JupYeah 執嘢」的舊竹製造新嘗試。當年環保署為年宵市集回收的舊竹多番試驗發掘新出路，於是 Ren 跟幾位設計師合作探研及嘗試，因延續舊物壽命正是「JupYeah 執嘢」志趣所在，結果印證舊竹用途廣，當年其中一個參與單位「Made in Sample」研發的竹檯腳，至今還存於 Ren 家中屹立。2021 年，Ren 出書《淨好生活》，我應邀寫序，題為「『執嘢』女生的啟迪」。「JupYeah 執嘢」啟迪大家領悟簡約樂活的智慧，呼籲大家日常減少多餘消費，減廢減碳，支持香港及早實現碳中和。希望她與她的下一代都還有機會可享有一個宜居樂活的地球。

3.8

一念低碳樂活的
社企合伙人

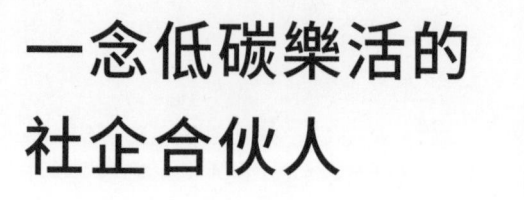

低碳衣食住行樂活的「食」，可從大嘥鬼說到「一念素食」。逾
十年前，一念之間，「眼闊肚窄」一詞化身腰果闊眼、黃蜂腰肚的大
嘥鬼，從此富創造力地推廣惜食減廢至環保減碳。2023 年，藉大
嘥鬼十歲生日之際，我找梁懷敏 Edmond 分享了惜食低碳故事，
希望更多人一念惜食，以至一起低碳樂活。

一念惜食

Edmond 家中長輩從前務農，深知食糧得來不易，珍惜食
物之念植根他家幾代人的生活日常，惜食之念的種子自幼已在
Edmond 心扉。在外地大學修讀經濟及心理學時，Edmond 曾
因興趣參與農科暑期實習生項目，由試種奶油南瓜 (Butternut

O‧PARK1 屋頂農圃的大嘥鬼農夫造型
令梁懷敏 Edmond 憶起惜食之種子

Squash) 到嘗試在農墟銷售，全面體驗食材由農場至市場的歷程。此農墟後、暑期尾，實習生可品嚐「貨尾南瓜」，Edmond 竟一嚐難忘，原來新鮮農產如此美味！臨尾，教授更教導實習生要把剩餘南瓜全數吃光，以免浪費大地資源和一伙人的心血。Edmond 畢業後回港工作，對大地給人類的餽贈，念念不忘。

一念素食

回港初期，Edmond 在家庭企業裏幫忙，閒時關心社群，了解並學習社企營運。2012 年機緣巧合下，與友人在香港大學開創純素食社企「一念素食」(Bijas)，希望提供新鮮好味兼營養均衡的低碳惜食選擇。餐廳的營運理念創新，主要為「磅重自助餐」模式，按自選食物重量收費，食客「食幾多 買幾多」，達致貼近各人當餐胃口，令惜食之念知行合一，商民合力大減食物浪費。初時，食客多出自好奇心，Edmond 也不知我和家人都屬早期慕名而來客群之一。逾十年，我已成為「一念素食」常客，並欣見其室內設計同樣展現惜物減廢理念，設計師是心繫環保兼日常茹素的建築師陳翠兒 Corrin。同時，Edmond 眼見常客往往帶著笑容而來，精準自選食物份量，之後光盤而去，一樂也！「一念素食」亦

2012 年 Edmond 合伙在香港大學開創的純素食社企是「咪嘥嘢食店」典範

成為環保署自 2015 年推出的金級「咪嘥嘢食店」[1]。「一念素食」泛指穀類種子，也指「心念的種子」，善念帶來喜悅，希望透過好食物，灌溉眾人心念的種子。珍惜食物，也珍惜每位好同事，「一念素食」有聽障、輕度智障等同事，在不同崗位努力善用創作力做好服務，務求為客人送上健康食物以至歡欣微笑。逾十年後，餐廳依然佇立，願能透過營運信念為眾生及大地帶來健康，亦希望惜食好文化，代代相傳。

一喜種田

為進一步令食客了解食物來源，培植惜食之念，「一念素食」還開設天台農場，好讓更多學生分享種植的喜悅，亦可體會食物生產的挑戰，而成功種植美味蔬菜的學生可帶來收成，「一念素食」會添上配菜請大家食好食物！ 2013 年，Edmond 又成立綠色團隊 Smiley Planet，意指「笑聲救地球」，項目包括自 2018 年參與城

Edmond 的食店兼設天台農圃好讓學生分享種植的喜悅並體會粒粒皆辛苦

---

1 環保署自 2015 年推出「咪嘥嘢食店」（Food Wise Eateries）計劃，餐飲及酒店食肆參加可獲取「銀級」或「金級」資格，於減廢管理、設計菜單及處理廚餘等方面肩負社會責任，菜式及餐單提供不同份量予食客選擇，食肆有效節省成本，同時讓食客有更多選擇，並進一步減少廚餘或捐贈食物，達至三贏及源頭減廢目標。參與計劃的食肆若符合評核準則，會獲頒「咪嘥嘢食店」認可資格，並獲相應的標誌作識別，亦得到「開飯喇」（OpenRice）及「惜食香港運動」網頁宣傳。

中「一喜種田」都市農莊項目，與相關持份者為可持續發展廣播種子，讓香港不同社區的都市人可親近田園，一起種出蔬菜森林以至身心喜樂及健康。

一喜低碳

多年來，Edmond 察覺「地球不開心」，是否因太多人不懂愛惜這個地球，令環境問題嚴峻？他參與成立惜食素食餐廳「一念素食」，予大家開心低碳飲食的選擇，同時助減香港生活垃圾中佔最大比例的廚餘。隨後成立 Smiley Planet 團隊，綠色項目例子多元，起始活動是與幼稚園學生分享種植喜樂，2015 年在 PMQ 元創坊一連多天「Fest Zero 零捨好生活」公開環保推廣活動展示可從日常衣食住行實踐減廢低碳好生活，2016 年「外賣 走杯！」呼籲大眾外賣飲品時自備杯子以減廢走塑，2017 和 2018 年再在 PMQ 元創坊舉行零廢棄「零捨好聖誕市集」。2015 年，我在假日低調到訪「Fest Zero 零捨好生活」活動，見眾人正在體驗低碳樂活的多元選擇，途中被 Edmond 發現，我倆首次對話，原來有緣都是加拿大卑詩大學 (UBC) 校友，並且在各自崗位一起推動低碳樂活。

近十年來，Edmond 不但參與開創低碳惜食社企，繼而成立綠色團隊推動低碳樂活。2016 年，Edmond 亦開始參與政府有關可持續發展的工作，首先參與了可持續發展委員會「推廣可持續使用生物資源」支援小組，自 2019 年亦加入環境運動委員會。Edmond 感覺環境運動委員會充滿活力，他亦透過自身的社企及綠色團隊經驗，助力環境運動委員會更有效廣傳環保，支持香港及早力爭碳中和。出街食飯，推薦「咪嘥嘢食店」！

Edmond 又成立了綠色團隊以推廣多元綠色項目如 2016 年「外賣 走杯！」

2015 年 Edmond 團隊舉辦「Fest Zero 零捨好生活」展示日常低碳衣食住行

6 仔回收網絡的
品牌設計師

低碳衣食住行樂活的「住」，可包含節能節水以至減廢回收等。慳電減碳當然是重中之重，而政府推動「垃圾收費」時的宣傳中亦曾強調減廢減碳，鼓勵大眾一起扭轉習慣，從源頭減廢，並做好分類回收，此舉關乎邁向碳中和。香港的社區回收網絡支持社群做好分類回收，自 2020 年尾，點解轉名為「6 仔」？我找品牌設計師余志光 Eddy 和林偉雄（阿雄）解構「6 仔」的源起。而「6粉」亦越來越多，點解膽敢設計單名「6」字去吸「粉絲」？

6 月懷胎

2020 年 11 月 16 日，首間「6 仔舖」（回收便利點）出世。其前世名為社區回收中心，紮根多區多年，但當年對各合作營辦的社

區伙伴要求基本，結果是大隱隱於市。2020 年年中，為迎接減廢減碳新篇章，又適逢各既有社區回收中心的資助紛紛時辰到，故此伙拍品牌顧問，分析如何為香港社區的減廢回收轉運立品。「上簽」指：團結就是力量，可提量提效。任務緊湊，當時目標是 6 個月內力爭首胎面世。且任務繁複，因首階段已涉及十多個營辦團體及各自承建判頭，短時間內要團結及建設 22 間「6 仔舖」並投入服務，是否不可能的任務？

自 2020 年尾香港的社區回收網絡綠在區區展開了以「6」字為記的新里程

6 字為記

提供環保教育及回收服務的大站，原名「綠在區區」。新增中站「6 仔舖」，本是同根生。品牌設計師於是建議以「6」字

設計師余志光和林偉雄創造了「6」字為記的回收網絡品牌滲入社區深入民心

統稱大中細回收點，團結就是力量，希望「總有一間 6 仔喺左近」。點解取單名「6」字咁簡單？廣東話中，6 為「綠」字諧音，可寓意「66 無窮」(綠綠無窮)，資源循環。關鍵更在簡約名字，易記易認。接著，品牌設計師伙拍建築師化身空間改造王，令「6 仔舖」的社區回收體驗耳目一新。首批 22 間「6 仔舖」由籌備、施工到開張服務、回收第一件回收物，恰懷胎 6 個月內，名副其實的「6 仔」。

6 轉乾坤

設計師憑 6 仔創意獲獎但更大滿足感來自
親見其創作進駐後欄貢獻社群的實景

6 字品牌的創作工作浪接浪，「綠綠賞」、「6 仔街站」回收流動點等設計緊接出台，並且緊貼實際運作，持續提質。品牌設計師衝衝衝，阿雄回想首度暫歇，是在街站「貼地」旁觀，見有位女士氣沖沖來，以為「6 仔」同事要受教受罵了，卻原來，這街坊是興奮地來致謝，因欣見有就腳的社區回收點。第二次回訪，在一間新張「6 仔舖」拍攝，巧遇一班幼稚園生，手拖手來上「環保早會」，阿雄見孩子們快樂地學習乾淨回收，深受感動。第三次忙裏抽空，到「6 仔舖」歇腳，見年輕職員抱起幼兒湊近回收櫃投口做回收，頓感香港的社區回收「回春」了。「6 仔」正轉化大眾減廢回收的行為習慣，亦轉化設計師所思所想。設計師憑「6 仔」創意，屢登國際及本地獎項前台固然可喜，但最意想不到的滿足感，是見到自家創作進駐大廈「後欄」服務社會的街景。好的回收設計，可助扭轉乾坤，轉化人心，轉廢為材，令地球回春。

6 咗未？

「6 仔」繼續長征，數以百計的大中細社區回收點正提速擴展，分布港九新界。接下來，「6 仔」智能化、入邨、廚餘回收等工作都在步步前行，「6 粉」亦越來越多。喂，你今日 6 咗未？2021 年，我介紹「6 仔」予時任建築署署長何永賢 Winnie（現任房屋局局長），她

邁向 碳中和
香港 人和事

2020 至 2024 年短短幾年間欣見 6 仔提速拓展回收服務並善用科技提質提效

向前看 6 仔智能化、多入邨、增廚餘回收等工作都步步前行支持香港減廢減碳

回應家中「姐姐」已成「6 粉」，並分享她手持「綠綠賞」回收積分卡的相片，笑指「6 咗」喇！但相中 6 字倒轉了，變成 9 字。無所謂，記認到社區回收點就好。我想，大膽簡約的品牌設計是有效的，便利不同語言、不同年紀人士易於認知，並知而後行。Winnie 之後發現相中乾坤後，補充祝願「長長 99，66 無窮」，支持「6 仔」減廢減碳。

自 2020 年 11 月中首間「6 仔舖」面世，至今只是短短幾年間。我從媒體報道、親友交流以至現場觀察所見，「6 仔」品牌已經在全港各區越來越深入民心，成為支持乾淨回收的品質標記，重中之重更是有效吸引更多市民大眾躬行分類回收，助力香港低碳轉型。多謝環保署同事、品牌設計師及相關工作人員，為香港成功開創了以「6 仔」為記的回收網絡品牌，並希望大家繼續努力，迎難而上，將它進一步發揚光大，利導廣大市民開心回收，令日常分類回收成為本地風尚。

6 仔回收網絡的
建築設計師

上節講了「6 仔」品牌的來龍去脈，這裏與建築設計師張國麟
Alan 和梅詩華 Sarah 回顧如何令「6 仔舖」(回收便利點) 比南韓
二手回收社企 Beautiful Store (美麗之店) 更美。

美麗之舖

如前所述，「6 仔舖」前世是極簡的社區回收中心，自十多年
前受環保署資助，善用地區網絡予街坊基本回收渠道，由不同團
體於多處舊區營運。多謝各「元祖店」完成歷史任務。現今「6 仔
舖」繼承良好基因如社區關係，但要脫胎換骨，還需結合「空間改
造王」帶來簡而清的建築設計，配合全港團結一致的「6 仔」品牌
及「綠綠賞」回收積分計劃等，才能令「6 仔舖」煥然一新，刮起

建築師張國麟 Alan 和梅詩華 Sarah 設計的「6 仔舖」自 2020 年尾如雨後春筍

美麗動人的社區回收新風。當年環境局對相關同事及設計團隊的寄語，就是期望其相比南韓「美麗之店」更美！

引 6 入室

6 個月內需創新建設 22 間「6 仔舖」，是否不可能的任務？當中，團隊涉及品牌設計師、建築設計師、十多個營辦團體及各自承建判頭等，而地盤遍布港九新界，甚而遠至大嶼山，要提速提量提質提效兼得誠真考驗。在品牌提升的同時，建築任務要鑽研空間佈局及質素，成就美麗之舖，不只想外在美，更想引來男女老幼成為「6 粉」，令減廢回收好習慣成為城中美事。設計團隊把「6 仔舖」不同元素化繁為簡，達至回收便利、乾淨及安心。店面盡用落地櫥

「6 仔舖」簡約內外設計結合「綠綠賞」全港通行積分計劃吹起社區回收新風

窗，室內盡量簡潔通透，回收櫃統一有序，回收投口鮮明便民，整體配合淺色系以強化乾淨回收意識。施工後，設計初型首現，Alan 聽路人甲疑問：是否手機連鎖店？又聽年輕路人乙指：是否文青咖啡店？當時，團隊都引頸以待香港「美麗之舖」的誕生。

十八廿二

Alan 憶述首期施工時，22 間舖蓄勢待發，各營辦團體又想先開為快，令建築設計師忙於 18 區地盤遊走。同時，各營辦團體所聘判頭多是「性格巨星」化身的大師兄，Alan 們要令眾多判頭按統一設計並嚴謹施工，知易行難，有時在現場伏地即席畫圖也在所不計。其實，早期與各「元祖店」營辦團體開展設計溝通，已帶出首

因應疫情等「6 仔舖」在頭兩年已演化至更便民和便利同事的第二代進階設計

個難題：如何短時間內令各曾經營辦社區回收中心的資深前輩們，接受翻天覆地的文青風統一新設計？2020 年 11 月中，首間「6 仔舖」開門服務市民。署方同事溫家玲 Cary 回憶話，只見四面八方市民聞風而至，有序排隊做回收，此大眾熱切支持的程度，超越想像。隨後其他舖陸續面世，Alan 話連的士司機都點讚，各營辦團體也分享新設計帶來的自豪感。

訪港的日籍和韓籍教授（右起）點讚 6 仔的自助回收及智能化禮品兌換機等設計

6 續有來

頭兩年，回收便利點已迅速發展了兩代。在提速提量的同時，設計團隊持續提質，與時並進，例如因應新冠病毒疫情，構思第二代時，就增設了消毒紫外燈及採用可淨化室內空氣的油漆等。而「6 仔」有效轉化民心，令「6 粉」常來，因此積極地加強智能化，包括以多櫃檯智能自助模式取代傳統接待櫃位。另外，重點優化了24 小時回收設計，配合日間忙碌的「6 粉」。憧憬「6 仔」版圖續增，如進駐公共屋邨，會多方面更便民，使得社區更乾淨健康，有利坊眾及同工雙方投入減廢減碳，令世界更美麗。

今個星期，你「6 咗未」？順提，有行政會議成員早已是「6粉」之一，早前相遇，往往都在分享又「6 咗」喇！

「6 仔舖」新張時我亦曾邀請家母順路走訪其中一間並請她回饋用家意見

3.11

「綠在區區」大站的
建築師

　　2015 年上半年，香港首間社區環保站「綠在沙田」啟動營運及正式開幕，標誌著新一代本地社區回收網絡啟航。回望，環保署於 2000 年代起籌辦「綠在沙田」（「大站」）項目，需時敲定選址及諮詢區議會等，2014 年年中，署方公開招標邀請具備相關經驗的非牟利團體承投營運合約。根據營運合約，「大站」營辦團體的工作涵蓋兩大範疇，一方面支援地區減廢回收所需並連繫區內物業管理公司、學校及相關機構等，同時要積極推廣環保理念及舉辦公眾教育活動。這些內容，成為「綠在區區」近十年間步步擴展的基礎。當中，「綠在灣仔」透過建築比賽形式籌建而成，予年輕建築師發揮所長的機會，豐富了「綠在區區」的歷程，得獎建築師李昭明 Benny 和梅鉅川 Paul 在此分享相關的人和事。

社區回收網絡綠在區區可溯源自 2015 年啟用的社區環保站「綠在東區」

綠在區區

「綠在沙田」和「綠在東區」在 2015 年先後啟用，多謝環保署和建築署同事合力為「綠在區區」開創先河，創意地將閒置公共空間轉化為社區回收及減廢環保的綜合基地，建築設計上亦彰顯轉廢為材，例如將舊集裝箱升級轉型，化成「綠在區區」小屋群。這兩個先鋒項目，榮獲眾多本地及國際設計獎項，更重要的是坊眾樂於善用，我不時路過也見市民絡繹不絕地積極乾淨回收。回想覓地諮詢初期及開始營運時，其實困難重重，例如「綠在東區」選址行車天橋底的空間時，仍有街坊強烈反對，「不想在我家後園」(Not In My Backyard, NIMBY)；「綠在沙田」初營運時，則有約二百

米外的屋苑居民投訴。好在各方迎難而上，好好溝通，「綠在區區」（現簡稱「6 仔」）如今已被視為廣受歡迎的社區設施，甚至被各區人士視為需「成功爭取」的事宜。

綠建比賽

2017 年，環保署籌劃「綠在灣仔」，在建築署等支持下，舉辦概念設計比賽，希望能為項目徵集一些實用、創新、具標誌性而又能與「綠在灣仔」四周環境融合的設計概念，進一步鼓勵公眾參與「綠在區區」項目。最終以比賽專業組優勝獎第一名得獎作品為藍本，由建築署邀請該得獎團隊以設計顧問身份合作落實項目。設計方案的佈局將向街的一側盡量開放，以營造友善好客的氛圍，而流線形的大型格柵設計則提升建築物於區內的辨識度，同時積極採用合適的環保建築技術及材料，如循環再用集裝箱作部份構建物的元

「綠在東區」善用天橋底空間並在建築上彰顯轉廢為材如將舊集裝箱升級轉型

「綠在灣仔」建築師李昭明 Benny(右一) 和梅鉅川 Paul(左一) 藉此項目屢獲殊榮

件，善用自然通風等。時值機電工程署在銅鑼灣加路連山道的總部正在拆卸，設計團隊期望化廢為寶，於是到清拆中的大樓「尋寶」，找到一批舊式鐵窗，但舊窗年事已高且規格不達現代水平，因此把四隻鐵窗焊成一扇門，並好事成雙，歡迎訪客穿越此對「環保門」。

綠在灣仔

Benny 和 Paul 回想，多謝建築署聘請比賽中奪冠的專業團隊作為落實「綠在灣仔」的設計顧問。設計理念着重於打造一個開放的「綠在區區」，佈局上將建築物盡量推向三邊，在入口至中央空間騰出一個小公園，並在公園中植栽大樹迎客，希望客似雲來。但在落實過程中，在地盤碰上不同的棘手問題，如實際可建的土地比

原本所知更細小。在土地有限、預算有限、規模有限，但又希望設計創新的情景下，倍感挑戰，但這也正是予年輕建築師積累歷練的良機。而 Benny 和 Paul 分享，保持樂觀的態度和開放的心境，是團隊用來應對這類問題的一貫殺手鐧，做建築設計猶似烹飪，「一字記之日心，方能煮出好吃的食物」，就是憑著這顆赤子之心，一路走來，由一個設計競賽，到經歷實戰，大家保持初心，堅守理念，排除萬難，到最後不論過程或成品，「綠在灣仔」也是一個令人鼓舞的環保及建築案例。

綠在青年

自 2021 年「綠在灣仔」開始營運後，年輕建築師 Benny 和 Paul 常常回訪，急於了解實際使用情況。月復月的觀察，令他們漸漸可鬆一口氣，甚至富有滿足感。在此上班的人員不單覺得建築實用，而且喜歡於此上班，覺得建築空間優美舒適。他倆還不時帶業界同行走訪「綠在灣仔」，藉此分享創新建築的點滴。項目不但得到同業各方讚賞，近幾年，「綠在灣仔」已經代表香港奪得多個國際性大獎，包括 Good Design Award 2021、Design for Asia 2023、建築署年度獎 2022 優異獎等，亦獲多個媒體報導，包括無線電視、香港電台鏗鏘集、NowTV、南華早報、英文虎報等，更有不少 youtuber 和 KOL 自發前往打卡，令「綠在灣仔」成為近年其中一個環保新

2018 年「綠在灣仔·概念設計比賽」頒獎禮中與專業組第一名團隊和作品合照

聞說 2018 年隨建築師父母領獎的手抱小妹（左二）已八歲並化身 6 仔推廣小天使

地標，這些都是他倆始料不及。想當年，作為初生之犢，Benny 和 Paul 不過抱着希望為年輕建築師爭一口氣、告訴前輩們一聲「我們也行」的想法參賽，轉眼間六年過去了，2018 年上台和建築師父母從時任環境局局長手中拿過獎狀的小妹妹，現在已經八歲了。Paul 的女兒亦非常熟悉「綠在區區」，甚至會督促人們善用「6 仔」。

　　Benny 和 Paul 指，此項目中，不論是建築師、工程師、測量師，抑或項目經理和承建商，都為是次共同創造的公共建築設計水平及實施過程感到鼓舞，他們希望與年輕建築設計師「共勉之」，亦多謝時任建築署署長何永賢 Winnie，並且希望政府創造更多類似良機。

「綠在灣仔」設計比賽成為培育建築設計師的綠田園 (BREADstudio 攝)

邁向 碳中和
香港 人和事

3.12

轉廢為能設施的
升級設計師

　　T·PARK 是香港首座轉廢為能基建設施，籌劃時，基於「不得在我家後園」(NIMBY) 的鄰避效應，來自社區的反對聲音不少。污水處理廠日日將海量的城市生活污水淨化，過程中產生大量污泥，每天逾千公噸計，過去主要以堆填方式處理，不但加速堆填區爆滿，而且會產生溫室氣體排放，影響香港減碳力度。污泥處理設施 T·PARK 的建設，就旨在應對這些積存已久的問題，而我的環保建築設計背景，正好結合環保署同事的創意，與設計師一起善用機遇，將它打造成為正面品牌的示範單位，激發到訪者的環保心，並為日後社會所需的其他轉廢為能／轉廢為材設施作好榜樣。

轉廢為能

T‧PARK 可有效地、且日以繼夜將大量污泥焚化，一方面不影響周邊的健康環境，另一方面轉廢為能，除了供應自身設施耗能，更將餘電送上公共電網。在我任期內，曾和同事及不同設計師用心及創意地為香港首座俗稱「焚化爐」的轉廢為能基建設施接生，包括打破舊思維給它改了一個有意思的好名字，並將它升級培育，華麗轉身成為環保減廢的公眾教育好景點，甚受大眾歡迎，亦榮獲不少本地和海外殊榮。2016 年 T‧PARK 正式啟幕時，創作人湯瑪斯 (Thomas Lee) 主理的短片創作，令人耳目一新。當中，焚化爐內的T‧CAFE，經年輕建築設計師吳鎮麟 Otto 和葉晉亨 Hang 等的環保匠意設計，亦成為 T‧PARK 打卡勝地之一。

與 T‧CAFE 建築設計師吳鎮麟 Otto(左一)
和葉晉亨 Hang(中) 回望相關的人和事

轉向綠建

當年，T‧PARK 在建築設計和建造階段，以結合綠色建築中綠建環評「鉑金級」最高水平為目標，重視節能節水及戶內

2016 年 T‧PARK 正式開幕時，T‧CAFÉ 展示轉廢為材升級設計成果 (Stylo Vision 攝)

外環境質素等。就如 T‧PARK 命名的環保含意，就是正向地 Transform（轉煥），除了打造「轉廢為能，煥然一新」的綠色基建，亦標誌著「轉化喚醒」大眾減廢回收之心，故此場內多元化的公共空間，各展綠色創意，例如，T‧SPA 是香港唯一的公眾水療場館，設有三個不同溫度的水療池，善用轉廢為能過程所產生的餘熱保持恆溫，旨於以沐浴大眾身心的有溫度體驗去推介轉廢為能之美。另外，又特意夥拍年輕建築設計師去打造 T‧CAFE，配合大嘥鬼正推廣的惜食文化，予到訪人士領悟低碳減廢惜食之美。

轉廢為材

當年，項目團隊在構思 T‧PARK 的不同空間可如何善用物料帶出轉廢為材理念之際，位近香港島中央的灣仔碼頭剛巧拆卸重建，於是環保署同事把握機會，將碼頭拆下來的近百支防撞木留

邁向 碳中和
香港 人和事

T · CAFÉ 內的灣仔碼頭舊木重塑餐桌椅「海立方」展示惜物心 (Stylo Vision 攝)

下來，亦多得志記剝木廠的王鴻權師傅先將舊木適度切割待用。難能可貴的是，環保署同事與不同設計師，包括品牌設計師毛灼然Javin、木工工藝師吳鋌灝 Roy 等，各展所長支持 T · CAFE 的環保設計。Otto 和 Hang 回想，當時參與創意地將灣仔碼頭舊木重塑成 T · CAFE 內的特式餐桌椅，設計師根據個別木頭的海蝕程度，構思做什麼傢具，例如，一些較完整的木頭用來做成大桌面、茶几，以及此起彼伏的彎曲長椅，另一些海蝕嚴重木塊展現千瘡百孔的歲月痕跡，可用海藍色的樹脂將它封化成為「海立方」。透過設計 T · CAFE 的訪客體驗，希望打動人的惜物心。

轉化人心

當年，T · CAFE 在 LAAB 的社交媒體分享帖子，短時間內得到八十多萬人觀看。除了本地的迴響，項目也得海外讚賞，其中在

日本獲 Good Design Award Best 100 以及評委獎，可謂喜出望外。總的來說，T · PARK 予人的整體體驗有煥然一新之感，大眾不但可深入領悟轉廢為能對社會的功能，並且領會轉廢為材的可能，更帶來一連串的正向轉變，包括之後的多類轉廢為能設施也命名如弟妹，如 2018 年起全面運作的 O · PARK1（有機資源回收中心第一期，將廚餘轉化為電能）和 2017 年批出設計、建造及營運合約的 I · PARK1（綜合廢物處理設施第一期，將一般生活垃圾轉廢為能）。另外，環保署也成立 Y · PARK，在 2021 年啟用，支持將全港的園林廢木轉化為材，甚至升級再造。

Otto 和 Hang 補充，2023 年時 LAAB 團隊再受署方所託，把 T · CAFE 等的木傢俱做保養。時間洗禮下，T · CAFE 的木傢俬慢慢地褪色，有些裂痕也在深化，畢竟實木傢俱會呼吸漸變，需不時保養，惜物維護。年輕設計師在修補過程中，亦頓悟保養之需本也是設計應考慮的一部分。2016 至 2021 年間，環保新設施 T · PARK、O · PARK、Y · PARK 以及 WEEE · PARK（廢電器電子產品處理及回收設施）相繼面世，配合各類轉廢為材所需，亦各自附設訪客安排，結合綠色建築設計，支持香港的減廢環保教育，也是大眾低碳本地遊的景點。各項目團隊都希望減廢減碳，同時助力轉化人心，支持香港邁向碳中和。

T．PARK 和 T．CAFÉ 等得獎創意建築設計成為支持邁向碳中和的減廢減碳好教材

V'air 低碳本地遊的
氣候青年

輪到低碳衣食住行樂活的「行」。年復年極端天氣頻發，越來越多年輕人關注低碳生活，並投身綠色就業。2022 年聯合國氣候變化大會 COP27 於埃及舉行之際，V'air Hong Kong 低碳本地遊創辦人之一鍾芯豫 Natalie，與我回顧又展望邁向碳中和的旅途。

自己碳排自己減

回想起 2015 年，聯合國氣候變化大會 COP21 在巴黎開會前夕，我應法國駐香港總領事館之邀，到隱於新界石崗山林的香港大學嘉道理中心，擔任大專生學界氣候變化競賽的評審及頒獎嘉賓。此低碳生活創意競賽，透過兩天設計思維工作坊，讓青年提出各新穎方案，引導港人尤其年輕人低碳生活，鼓勵青年們自己碳足跡自

2015 年鍾芯豫（右一）和隊友以低碳旅遊提案在大專生學界氣候變化競賽中奪冠

己創意如何減。我參與賽事壓軸部分，樂見青年思索不同的減廢、減碳提案。當中，香港中文大學地理科學生 Natalie 和 Arthur，聯同香港科技大學環境科的學生 Johnny，連日通宵製作了名為 V'air 的網站原型，鼓勵低碳旅遊，此隊創意別出心裁，議題值得推廣，成功奪冠。V'air 針對當時尚少論述的「航空碳排放」，以留港賞紅葉，對比飛至日本京都一遊為例，即可大減約 500 公斤碳排放量（相等於連續開燈半年的碳排放量）。其提案，令各評審嘉賓眼前一亮。我支持年輕人的低碳提案，更盼望他們將點子付諸實行，知而後行。

自己創意自己闖

V'air 作何解？原來為法文綠色「Vert」的諧音，串法見航空元素，喻意環保融入旅遊。2017 年，即兩年後，Natalie 邀請我出席新書《低碳。好行》分享會。原來兩年間，「V'air 低碳本地遊」落實網站，並徇眾要求開辦實體本地遊，令更多人士透過低碳環保的導賞，重

沙頭角區鄉事委員會曾玉安副主席（右二）支持鍾芯豫（左二）等推動的低碳本地遊

2022年「V'air 低碳本地遊」開創鄉郊保育主題雜誌，以年輕人視角探索香港故事

新發現香港的美。我現身新書分享會，在台上笑談和太太紀念日在大嶼山貝澳低碳遊的自家經歷，浪漫好行的! 2022 年，「V'air 低碳本地遊」又開創鄉郊保育雜誌，另在聯合國 Internet Governance Forum (UNIGF) 舉辦線上工作坊，展示香港偏遠鄉郊保育成果，我亦應邀參與分享。至 2022 年，轉眼「V'air 低碳本地遊」七歲喇! 七年來，Natalie 和眾青年一步步實踐自己的低碳提案，闖出低碳本地遊的綠色風尚，重點是持之以恆。

低碳生活本地遊

　　Natalie 在她 18 歲時創立「V'air 低碳本地遊」，自始致力撰文和舉辦生態遊推廣環境教育，已獲 Eco-Business、Tatler Gen. T、日本時報等評為引領亞洲的青年氣候領袖。2017 年，「V'air 低碳本地遊」兩周年時，出版《低碳。好行》。2020 年再接再厲，她與中大校友楊樂陶 Daisy 合著的《山野漫遊——女生行山指南》面世。兩書皆以低碳環保角度，與讀者分享不同的行山路線，一邊本地遊，一邊愛惜自然。祝願「V'air 低碳本地遊」繼續引領港人發掘本地山旮旯之美，同時秉承惜物減廢、節能減碳的生活態度，重點是低碳樂活。

2017 年鍾芯豫（左三）在「V'air 低碳本地遊」兩周年時出版新書《低碳。好行》

青年委員自薦做

2018 年，政府推出第一期「青年委員自薦計畫」，Natalie 自薦加入當時最熱門的可持續發展委員會，最終兩人獲選，Natalie 過關斬將成功當上可持續發展委員會委員之一。2019 年，Natalie 上任可持續發展委員會委員，難忘及關鍵的「香港長遠減碳策略公眾參與」即開展，在強調由下而上的公眾參與過程中，Natalie 建議新設青年論壇，好意見自然被接納，隨後可持續發展委員會的青年專屬論壇順利誕生。2020 年 11 月，政府正式宣布香港力爭 2050 年前實現碳中和；2021 年 10 月，進一步推出《香港氣候行動藍圖 2050》。大家樂見香港清晰的碳中和路線圖，重點是低碳同行。

當時，Natalie 亦到牛津大學修讀環境碩士，並在 2019 年出席馬德里的聯合國氣候變化大會 COP25。於牛津大學畢業後，Natalie 回港投身綠色事業，並繼續「V'air 低碳本地遊」和香港

2024 年鍾芯豫（右一）在紅花嶺郊野公園推介低碳本地遊並繼續氣候倡議的長征

氣候倡議的貢獻。至 2022 年，七年來「V'air 低碳本地遊」累計舉辦了數以百計的各式活動，估算接觸了萬計人次，同時青年們善用網上平台如社交媒體，拉闊接觸面。

　　香港本地碳排放量在 2014 年已達峰，近年香港人均碳排放量遞減中，峰值時人均 6.2 公噸，近已降至約 4 公噸。邁向碳中和的旅途，需要大眾持續「低碳 好好同行」，包括個人日常低碳衣食住行，當中低碳本地遊深值推介。Natalie 書中「全港最長竹林步道，漫遊燕岩四方山」，是她的女生至愛。

修復珊瑚的
年輕「珊瑚媽媽」

　　氣候行動和生態保育，環環相扣。2015 年 11 月，我以時任環境局局長身份發布《香港氣候變化報告 2015》，當中輯錄了 28 位青年關心氣候變化的聲音，包括研究珊瑚的崔佩怡 Apple。當年，香港中文大學生物系博士研究生 Apple 說：「香港潛水可以充滿驚喜，每次潛水也可能會發現新事物。我的研究工作讓我在香港進行了超過 800 次潛水調查，觀察香港珊瑚的繁殖過程、珊瑚補充量、覆蓋率和多樣性的變化。雖然我的實驗顯示珊瑚對環境狀況改變有頗強的適應能力，但是我無法想像牠們還能承受多少氣候的改變。這推動我進行更多珊瑚研究，因為只有當我們更關注和了解，才能帶來正面的改變。」在香港中文大學，Apple 現職生命科學學院研究助理教授，於應對氣候變化中投身珊瑚保育。

珊瑚修復

自 2019 年，Apple 團隊在吐露港和赤門海峽致力進行試點研究，旨在修復香港受破壞的珊瑚群落，提升野外珊瑚覆蓋率、提高生物多樣性及增強珊瑚群落應對未來氣候變化的能力。團隊專研育養和繁殖技術，確保可持續和大量地供應遺傳多樣性豐富的珊瑚，配以

現職香港中文大學生命科學學院的崔佩怡
Apple 於應對氣候變化中投身保育珊瑚

長期監察，以達致有效修復香港受損珊瑚群落的目標。團隊運用珊瑚無性繁殖的機制，收集、培育及移植珊瑚碎塊，當中移植到赤門海峽的珊瑚存活率近 90%；又以有性繁殖機制培育，在實驗室進行受精並將培育成長的珊瑚 BB 移植到修復地點，這批珊瑚 BB 在大海 5 年後踏入了性成熟階段，並在野外同步產卵，孕育出第二代珊瑚幼苗。團隊經已首次在香港成功完成了兩個鹿角珊瑚品種的整個生命周期，也標誌着團隊對珊瑚培育技術、修復香港珊瑚群落和生物多樣性的貢獻。2021 年起，團隊連續多年獲「環境及自然保育基金」資助，採用多管齊下的方法進行珊瑚修復的研究，項目包括「利用綜合復育策略以有效地修復香港受破壞的珊瑚群落」、「利用微碎塊融合方法培育珊瑚以重建吐露海峽的大體積團塊形珊瑚」及「提升珊瑚培育和繁殖技術，以擴展香港珊瑚群落修復工作」等，以延續赤門海峽珊瑚修復的使命。2023 年，團隊獲土木工程拓展署委託，開展香港中部水域珊瑚保育的可行性研究，以協助檢視中部水域珊瑚保育的機遇並擬定實驗性質的珊瑚保育計劃。

珊瑚學院

2018 年，Apple 創立外展教育計劃「珊瑚學院」(Coral Academy)，以研究轉化為教學資源及社會實踐，進行環境教育推廣，並讓公眾有機會參與珊瑚修復相關活動，從而提高公眾對珊瑚及海洋生物多樣性的認識和保育意識。學院獲漁護署生物多樣性教育項目資助舉辦中學工作坊「認識香港珊瑚群落及保育」、「東平洲珊瑚生態探索之旅」及「珊瑚修復探索之旅」。2020 年，進一步與漁護署推出全港首個中學「育養珊瑚校園計劃」，將中學化身珊瑚培育基地，讓師生成為照料及監察移植前珊瑚的保姆，從中學習及體驗，團隊亦會帶領學生出海觀察珊瑚移植，見證他們同行修復珊瑚的成果，以培養年輕人保育海洋的使命感。計劃踏入第五個年頭，由中學擴展至中小學，2024 年度項目的參與師生共逾 300 位，來自廿多間學校。同年，學院獲「環境及自然保育基金資助」，推行「青年珊瑚保育大使計劃」，培養新一代成為保護海洋環境的領導者，計劃共有逾 40 位來自 6 間學校的同學參加，同學透過工作坊及潛水實地考察，裝備關於珊瑚保育的知識後會領導設計推廣活動，把海洋保育的議題進一步推廣到學校及社區不同階層。

2018 年崔佩怡 (右) 創立外展教育計劃「珊瑚學院」並積極啟發新一代保育海洋

珊瑚打交

自 2019 年崔佩怡（右三）和團隊在吐露港和赤門海峽進行試點研究以修復珊瑚群落

2021 年，我以時任環境局局長身份到訪香港中文大學李福善海洋科學研究中心，參觀「珊瑚學院」的珊瑚培育基地，更助養了鹿角珊瑚 BB。但珊瑚 BB 移居大海前，在「珊瑚媽媽」育嬰水缸中曾被相鄰的扁腦珊瑚（中大副校長助養）出手打傷，幸好早發現。Apple 指部分珊瑚品種為了爭奪生長空間，會伸長觸手攻擊旁邊珊瑚以「霸地盤」。之後，鹿角珊瑚 BB 回歸赤門海峽，獲團隊定期監護，年來於大海茁壯成長中，生氣勃勃。為了助珊瑚「霸地盤」，Apple 與不同機構打交道。例如 2021 年，學院與世界自然基金會香港分會開展本港首個由環保團體與大學合作的「公民科學家計劃：珊瑚拯救小隊」，由潛水員收集野外掉落的珊瑚碎塊，經培育後再放回大海，該計劃的成功合作，促使兩者於 2023 年簽署了合作備忘錄，加強合作並開展為期三年的「珊海無盡」行動，計劃拯救至少千計的脫落珊瑚碎塊，以擴大現有的珊瑚修復範圍及公眾教育，期望是次合作更可成為典範，其他地方可作參考。同年另一例子，學院與漁護署合辦「海下灣海岸公園公民科學家計劃」，進行海蛞蝓、魚類及珊瑚調查，計劃招募及培訓了十多位小組隊長以協助計劃順利推行，透過讓公眾參加者親身體驗科研工作可拉近他們與珊瑚的距離，公民科學家收集數據又可用於建立海下灣海岸公園的基綫資訊。多方交叉合力，助打造珊瑚「地盤」。

「珊瑚媽媽」崔佩怡(右一)培育女兒
Bella(中)自小低碳以令世界更美麗
(Bella)！

珊瑚媽媽

近5年間，「珊瑚學院」以多元有趣的體驗學習方法接觸了60間學校的逾3萬位師生，啟發新一代立志保育海洋，培養環保行為，包括日常減碳減塑，讓科學家的珊瑚保育工作走得更闊更遠！多年來，Apple熱心參與珊瑚保育的公眾推廣和教育活動，擔任專題講者逾百場，包括漁護署《與科學家對話系列》講座，分享香港和海外的珊瑚復修實例、珊瑚白化、珊瑚礁普查等，亦受眾多電視節目訪問，同時也為香港珊瑚礁普查擔任隊伍科學家十多年。此外，Apple積極與其他機構如香港濕地公園、香港科學館、教育局等合作，舉辦海洋環境教育活動予公眾及師生。「珊瑚媽媽」Apple排解珊瑚BB之爭，亦浪接浪發起培養新一代的珊瑚保育計劃。2021年，我主禮海岸公園遊客中心開幕，漁護署「海下遊客中心」內的珊瑚展覽角色重要，「珊瑚學院」提供多方面支持，當中VR體驗亦由「珊瑚媽媽」聲音導航。

除了潛水調查與修復珊瑚等，Apple已為人母，在家中喜與女兒Bella一起「修復」玩具，讓女兒學會珍惜，環保減廢。假日，Apple會帶Bella戶外探索，透過五官感受大自然，培養欣賞和愛護自然的態度，並會自備重用餐具、水壺、手巾等。小朋友「潛」移默化，減碳生活、從小做起，令世界更「Bella」(美麗)。

崔佩怡說在香港潛水觀察珊瑚群落可以充滿驚喜並指每次潛水也可能發現新事物

3.15

海內海外保育珊瑚的
初創人

2020 年，香港大學博士生余碧芬 Vriko 開創了初創 Archireef 以保育本地海內珊瑚，2022 年拓展至海外，香港年輕人展潛力，希望貢獻「海內 海外」海洋生態保育。

環保初創夢成真

Vriko 自小與海結緣，熱愛潛水，某年短短兩個月內，親歷西貢海中大片珊瑚群落死去，因而萌發投身珊瑚復育之夢想。香港海內生態多樣，是研究海洋生態的理想區域，擁有的硬珊瑚品種比加勒比海還要多，因此 Vriko 心想香港具生態旅遊勝地的潛力，可促進本地遊，並吸引海外來者，而珊瑚保育在這願景中擔負重要角色。後來，Vriko 於香港大學的博士研究，以珊瑚復育為主題，機

2020 年余碧芬 Vriko（右四）開創了初創 Archireef 以保育珊瑚並自 2022 年拓展至中東

緣巧合下，與港大研究團隊共同發明了 3D 打印的環保赤陶土珊瑚礁盤。2020 年中，Vriko 創立海洋科技公司 Archireef，為聯合創辦人及行政總裁。

珊瑚礁盤幸福感

2020 年於西貢海下灣試行赤陶土珊瑚礁盤，成就了 Vriko 夢想中一個里程碑。海洋生物中約 25% 以珊瑚為家，復育珊瑚不但助珊瑚叢生長，更能提高生物多樣性，吸引不同的海洋生物棲息其中。郊遊到訪 2021 年正式啟用的「海下遊客中心」，大家可近觀展品中赤陶土珊瑚礁盤的樣板。若進一步遊歷海下灣，可潛望「入伙」海底約 4 年的珊瑚礁盤，以及滿載其上的各類海洋生物。約 3 年前我也前去拜訪，見此海底「新居樓盤」客似雲來。Vriko 欣慰

在 2021 年啟用的海下遊客中心也可近觀展品中 Archireef 赤陶土珊瑚礁盤的樣板

2020 年在香港西貢海下灣試行珊瑚礁盤，之後喜見墨魚媽媽在「新樓盤」產卵

地分享：「團隊某次潛水時，喜見一條 30 厘米長的大墨魚在珊瑚礁盤下生蛋蛋。看到礁盤吸引不同生物來訪甚至『落戶』，感覺好有幸福感！」

擔當綠色領跑者

2021 年，Vriko 透過政府的青年委員自薦計劃，成為郊野公園及海岸公園委員會委員，參與範疇包括予海岸公園及海岸保護區制訂的政策及計劃提供意見。2021 年，時任環境局局長的我就「保海岸 育珊瑚」主題拍攝網誌《星星話》，曾與 Vriko 在位於西貢西郊野公園內開幕不久的海下遊客中心交流，話題包括大眾遊山玩水時，要「自己水壺自己帶」及「自己垃圾自己帶走」，奉行山海無痕，保護郊野和海岸公園。同時，Vriko 領會創新科技是經濟發展驅動力，當中綠色創科是國際大趨勢，她指香港一直有為環保投放資源，例如《香港氣候行動藍圖 2050》已訂下碳中和路線圖，為環保及生態復育等奠定基礎，並在構建國際綠色科技及綠色金融中心，加上沿海地理背景，可進一步發揮藍海經濟新機遇。

海內海外傳知音

作為香港科學園的初創公司，Archireef 參加了由其主辦的「電梯募投比賽 2021」，一舉奪得綠色科技及建築科技組別冠軍，以及最受歡迎大獎。之後，又獲「2022 年日內瓦國際發明展」金獎。與此同時，Vriko 團隊相繼與私營上市公司合作，由本地市場進軍至中東市場，兩地各有來自世界各地的全職員工及兼職實習生，予年輕人綠色就業良機。頗受國際青睞的 Archireef，還應邀出席 2022 年底的聯合國氣候變化大會 COP27、2023 年初的世界經濟論壇等作演講交流。Vriko 的科研初創歷程，蘊含啟迪。問她作何想？ Vriko 飲水思源，希望在未來「海內 海外」平衡發展，幫助保育不同海岸生態環境，而「海內」近例之一，是自 2022 年 9 月與香港海洋公園等在港島南區深水灣的復育珊瑚合作項目。

有日十年樹木，百年樹人。其實，以香港常見的珊瑚品種為例，一年可能只長約 2 至 10 厘米，一塊兩米高的珊瑚原來已是百年功！希望大家同行保育珊瑚，包括遊山玩水時不忘保護環境、減廢走塑。年輕人亦可投身環保科研，善用創科，以助提速應對全球氣候變化及生態挑戰。就以珊瑚生態的保育以至復修方法為例，需科學為本，加強結合生命周期的客觀評估，包括對碳排放、成本效益等的宏觀考量，點出不同方法的相對優點或不足之處，因勢利導各持份者明智選擇。

香港大學的海洋生物學家和建築學者合研的陶土珊瑚礁盤有利海洋生物安家落戶

3.16

復育山旮旯鄉郊的
一大伙人

鄰近沙頭角的荔枝窩、梅子林等復育中的古村群，值得大家低碳本地遊。2013 年秋天，「永續荔枝窩」計劃揭開序幕，當中有鮮為人知的人和事。

復村人有心

十多年前，本地社會普遍缺乏復育偏遠鄉郊的理念。以荔枝窩為例，其原居民祖先於幾百年前開山闢地，一步一腳印地建立起宗族農村。但至 1950-1960 年代，香港進入工業發展時代，本地耕田種米難以維生，年輕原居民紛紛遠赴外地如歐洲謀生。及至 1990 年代，絕大部分村民已離村，古村瀕臨荒棄。一些離鄉別井的村民，十幾歲時就往外地謀生養家，近年至退休之年，思家念

2016 年各界踴躍出席「永續荔枝窩」文化館開幕並見證官商民學協作活化荔枝窩

鄉，萌發回鄉養老心願。逾十年前，其中一位退休回流村民曾偉強 David，就嘗試回鄉復耕，當時有心村民遇上吳祖南博士（已故）及林超英等，繼而連繫一伙有心人，燃點起復育荔枝窩的心思。項目的真正啟動，有賴負責整體計劃策劃的香港大學團隊，其關鍵人物羅惠儀博士 Winnie 向匯豐慈善基金成功申請撥款，正式為此山旮旯復村故事揭開序幕。

開荒兩年功

時至今日，大家於印洲塘畔穿村時，可欣賞荔枝窩農田阡陌縱橫。僅僅十餘年前，這些地方還是棄耕幾十年、雜樹叢生的荒

已故吳祖南博士出心出力支持活化荔枝窩並曾遠赴英國向海外村民解說復育項目

田，令開荒復耕成大挑戰。香港大學團隊巧施心思，嘗試創新多樣的復耕方式，當中包括傳統耕種模式，但需移去原耕地上已長樹木。Winnie 猶記得，2013 年籌劃起步復耕，理解社會上有聲音或許擔心開荒與環保的平衡，於是團隊用心前行，包括侯智恒博士Billy 獻計，先自行做好樹木生態調查，然後與環保團體開會，講解開荒程序，同時收集各方對復耕的意見。當他們開始在村內原田

地開荒時，政府漁護署亦收到山友查問，署方同事幫手向市民解答，曉之以理。歷時約兩年後，在村民、農友和義工等合力下，才復現當下可見的 6 公頃開揚農田。長春社也藉此打破村民環團勢不兩立局面，入村開拓在地自然教育。此一正式於荔枝窩起步前行的開荒復育初始成功故事，正好展現「民、學、商、官」協作，同心協力籌謀復育偏遠鄉郊。

復耕種咖啡

話說籌劃開荒復耕初期，村民租田地予項目團隊時，就部分農地保留大樹的另類復耕方式建議有不同意見。約至 2015 年，綠田園基金劉婉儀 Vicky 提出創意，建議於荔枝窩試種耐陰的咖啡樹，可善用所保留的大樹以「農林間作」。村民聽聞種植咖啡的創想，亦感豁然開朗，既見經濟價值等機遇，又加強保育生態環境，

2014 年初綠田園劉婉儀（左三）為復耕向村民曾偉強（左二）了解以往田基及水利

一舉多得。香港大學團隊中，戚曉麗 Katie 負責這一本地農林咖啡種植實驗，回想此創新歷程，幸得有心人相助。例如，現時荔枝窩咖啡園中「波旁咖啡」產量最穩定，此品種由本地育種專家謝天佑博士從雲南帶來。荔枝窩出產香港咖啡豆，屬復育偏遠鄉郊歷程中甚具意義的里程碑，展現創新社會、經濟、環境效益三合一的復耕方式。大家可入村，以眼觀賞、舌蕾品嘗真正港啡。

香港大學團隊中從前不喝咖啡的戚曉麗 Katie（左三）
主理「荔啡」後化身咖啡專家

復育點線面

2015 年，當時環境局籌劃新設「鄉郊保育辦公室」以加強復育偏遠鄉郊的協作，並率先支持荔枝窩等重點村落，意在以「點」起動，產生「點、線、面」漣漪效應。香港大學的復育荔枝窩計劃既發揮協同效益，經歷幾年深耕細作後，眼見荔枝窩

活化荔枝窩至梅子林等的十載耕耘中香港大學羅惠儀博士 Winnie 及同工貢獻良多

活化漸見成果，香港大學團隊好希望伸延至鄉村。2019 年，沙頭角文化生態協會李以強 Charles 申請香港大學「社區共創」計劃，於荔枝窩的「隔離村」梅子林開創藝術活化項目，當中藝術家葉曉文 Human 駐村雙月，將村中自然生態、村民昔日生活所見等盡收畫中，就此衍生了梅子林首幅壁畫。此畫吸引眾多山友到訪打卡，亦見於電影《緣路山旮旯》，替遙村添人氣，並為更多鄰鄉村民的復育願景打上強心針，令眾人更支持活化工作。到此一遊，行一圈可連線穿越梅子林、荔枝窩和蛤塘三條活化中的古村落，體驗這一帶山旮旯鄉郊復育的面貌，我形容這三條客家鄰村為「梅荔蛤三寶」。

荔枝窩活化項目開創民、學、商、官多方協作方式，展示城鄉共融佳例，並已榮獲聯合國教科文組織頒授大獎等，表揚其對可持續發展的貢獻。向前看，香港大學「公民社會與治理研究中心」林維峯教授 Danny 牽頭、廖秀冬博士 Sarah 加持的鄉郊活化近十年調研，匯豐十載支持，鄉郊保育辦公室的十億資源，以及相關村長既開明又誠懇的協作等，都是令眾有心人持續復育本地偏遠鄉郊的基石。正因相關村民、民間團體包括香港大學、商界善界等多方協力創新，才能復育山旮旯「桃花源」。

香港大學林維峯教授、羅惠儀博士（右）等牽頭「永續荔枝窩」展活化創想

3.17

投身鄉村振興的
外嫁女女兒

十多年前，最早和我傾談復育荔枝窩的人物之一是麥欣欣 Anna，她媽媽是該村原居民，Anna 從小常常留宿村中跟姐公姐婆 (客家人對外祖父母的稱呼) 生活，近年又回復常常在村，欣然投身復育山旮旯鄉郊，體現留住鄉親、護住鄉土、記住鄉愁。

欣然永續

十餘年前，Anna 任職香港綠色建築議會 (HKGBC)。那時候，擁有大學行政及項目管理經驗的她，在外地完成了與城市規劃及可持續發展相關碩士課程，留學後回港，立志以可持續發展為下半生事業。我當時為香港綠色建築議會始創成員，義務參與推動綠色建築的工作。在合力推展前瞻性大城市綠色建築環境的大勢時，言

身穿昔日客家小童服的麥欣欣 Anna（右）
童年時曾隨外祖父母在荔枝窩家鄉生活

談間，得知 Anna 與偏遠鄉村荔枝窩的獨特淵源，以及她對復育客家故鄉的心願。那些年，我時有遠足路經荔枝窩一帶，見遙鄉凋零，惟開始聽聞多方面有心有力踐行「永續荔枝窩」的想像。

欣聞復育

Anna 童年時，和姐公姐婆及一眾同齡村民在荔枝窩同度寒暑，喜樂時光滿滿，窩心生活暖暖。中學時期，Anna 和同學遠足入村，已儼然是小導遊，聞說不少舊同學至今仍忘不了村中客家雞粥。成長後，Anna 年年保持聯同親友回村祭祖或遊玩習慣。但至 1990 年代後期，荔枝窩村開始荒廢，村中老房子漸漸崩塌，Anna 目睹此過程，心感難過，常常在想如何可讓家鄉重現生氣。至 2010 年代初，Anna 欣聞荔枝窩復育計劃正醞釀中，終於在 2013 年，香港大學和香港鄉郊基金等在荔枝窩起動復耕項目。Anna 心想，非村民尚且如此為活化村落努力，身上流着一半客家血統的她更應出力。於是，她毅然放下香港中文大學校園規劃及可持續發展的專業白領崗位，全身心轉投村務，並進入第一代荔枝窩復耕農戶行列，

中學時期的麥欣欣 Anna 和同學遠足入荔枝窩可嚐外祖母自養雞所烹的客家雞粥

兼且不時協助不同團體包括外籍人士在村中進行活動，涵蓋教育、文化、環保和淨村等，支持振興家鄉。

欣見暖窩

　　Anna 重回昔日家鄉，很快認知自身使命之一，就是要結合過往的工作經驗和所長、以及社會發展大方向等，幫手創立一個以原居民為主、並能體現當下社會治理觀念的社企，以支持荔枝窩村的可持續發展。2015 年 3 月，Anna 聯同兩位村代表及一位德高望重的原居民，加上兩位社會賢達，成就了「暖窩有限公司」的新猷。隨即，與香港鄉郊基金合作，向馬會慈善信託基金申請撥款以進行荔枝窩客家文化體驗村項目，同時積極接待學校及專業團體等入村作深度文化遊，希望令各界更深入認識荔枝窩，並嘗試從村中

建築特色和昔日生活點滴、習俗等，帶出傳統鄉村生活中的可持續發展概念應用亮點。2019 年，「暖窩」進一步註冊成為政府認可的慈善團體，並與其他非牟利團體合作在荔枝窩及梅子林一帶進行不同的復育鄉郊項目，成為其他偏遠鄉村可持續發展的參考。近期，Anna 欣見村中原居民漸漸接手管理「暖窩」，她亦已展開另一些支持荔枝窩可持續發展的工作。

欣田料理

逾十年間，陸續有生力軍投入荔枝窩，近年參與荔枝窩環境友善復育的農友相對穩定，Anna 進而轉投推售在地農產品。自從事可持續發展工作以來，Anna 深知大眾飲食習慣與碳排放之間有莫大關聯，承傳家族基因，她素來喜舞刀（廚刀）弄火（爐火），並領會鄉村復耕、環境友善農作、低碳健康美食等的環環相扣，故此，開始主力推廣荔枝窩及本地其他好山好水的農產，並不時為入村友人創意示範揉合客家飲食文化的 Farm to Table（農田直送餐桌）。藉此廚藝和心思，Anna 希望大眾感悟不時不食、多菜少肉、在地食材等低碳飲食好選擇，既有益個人身心健康、又支持了循環經濟、還能減緩全球氣候變化，一舉多得。當中亮點，就是 Anna 同時拉闊公眾對客家農村飲食文化的理解和想像，由食材到料理都可以現代化、年輕化、多元化。

2013 年麥欣欣 Anna 毅然由專業白領人士化身荔枝窩第一代復耕農民以振興家鄉

昔日鄉村自給自足，蘊藏豐富生活智慧、技能及可持續發展元素，Anna 亦望能保存鮮為人知、瀕臨失傳的文化智慧，她曾為「暖窩」在村中拍攝以原生植物製洗髮水及植物染的紀錄短片，平日亦不時介紹客家藥食同源傳統。近年，聽聞 Anna 有意將構思多時的客家茶種植及製作項目付諸實行，客家茶文化項目既是文化傳承，更是為偏遠鄉郊可持續發展注入振興新點子，希望荔枝窩的復育更多元化、更富內涵。同時，我欣見沙頭角一帶的其他山旮旯鄉村，如谷埔、榕樹凹，其原居民的年輕一代也漸漸回流投入鄉村振興的新里程，我樂見其成，多元示範低碳樂活、城鄉共融圖景。

邁向 碳中和
香港 人和事

麥欣欣 Anna 推廣荔枝窩
好山好水及環境友善耕作
的農產品以支持本地低碳
飲食

復育鄉郊的
在地藝術試煉者

沙頭角一帶，復育山旮旯鄉郊的人和事，包括山系旅行家李以強 Charles 而起的連環故事，鄉村振興宜百花競放。

心到

話說自 2000 年，沙頭角生態文化協會主席 Charles 在新界東北一帶導賞行山，往往沿途遇荒村，不少村屋頹垣敗瓦。這些客家村落在上世紀 1960 年代都仍生氣勃勃，但自 1970 年代始，村民為生計，相繼離鄉別井、遠赴他方，致村落凋零，令人不勝唏噓。與此同時，Charles 和沙頭角梅子林客家村的曾玉安村長結緣，隨後得知村長心繫復村，但該村位處山旮旯的半山腰，村內兩排瓦片頂村屋當其時大部份已倒塌，或破落不堪，甚或被樹木藤蔓圍繞，

自 2017 年李以強 Charles(左一) 和家人到沙頭角梅子林參與清除雜叢以籌備復村

昔日連綿至鄰村如荔枝窩和蛤塘的梯田亦已隱沒，復村談何容易。至 2017 年，在曾村長號召下，Charles 和家人也開始入村幫手，包括復植柑桔、清除雜草叢木。之後，曾村長和村民帶領義工復辦昔日鄉村傳統習俗及童玩等，令 Charles 深深感受客家文化與村落環境的共生共融，復育山旮旯村落也成為他的心願。

眼到

Charles 懷此心願，反覆思量，嘗試將藝術元素融合生態保育與客家文化，作為復村先見的一步。2019 年，沙頭角生態文化協會在香港大學「永續鄉郊計劃」支援下，開展「天地人——梅子林藝術活化計劃」。這項目由 Charles 和當時同事李樂茵 Lorraine 並肩作戰，短時間內在村中開創了梅子林故事館，我亦曾到訪支持。故事館展示客家文化及日常生

2019 年李以強 Charles 開展「天地人——梅子林藝術活化計劃」包括試繪大型壁畫

活物品，並在疫情前及疫情初期把握機會，進行各項活動，予更多人看見他們的復育夢想。另一亮點，是找了文青葉曉文 Human 試繪大型壁畫，還有藝術家林嵐設置裝置藝術，以及生態工藝組導師吳良貴 Stony 以天然材料製作故事館中大自然生境飾品，如蜘蛛結網。「天地人——梅子林藝術活化計劃」至 2020 年順利完成，此一試令人難忘，從此這山旮旯半山村落被視為美麗「壁畫村」，本地電影《緣路山旮旯》亦在此取靚景。

耳到

2021 年初，沙頭角生態文化協會與香港大學成功申請鄉郊保育辦公室的資助，推出「森林村落：梅子林蛤塘永續鄉村計劃」。因應新項目所需，Charles 物色人手時，因緣際會，藝術家史嘉茵

（阿史）加入了團隊，協助籌辦與村民及村落環境互動的公眾活動。阿史自 2013 年於坪輋作始，進行村落在地藝術的探索與試驗，曾於多處山旮旯地方舉辦音樂會或在地藝術節，由鯉魚門石礦場至蛤塘村等，並於 2016 年成立非牟利音樂藝術組織「香村」，連繫村民，試用音樂唱說源自土地的故事。同時，阿史著力保存村校校歌與歷史，已收集近 30 間仍辦學或已停辦村校的校歌。阿史每每邀請舊生重回母校，在充滿記憶的村校內唱一遍校歌，再將校歌創作成不同媒介的藝術作品。2019 年，慶春約十年一屆打醮時，阿史就聚合荔枝窩小瀛學校的梅子林及荔枝窩舊生，於校門前以校歌重聚。2023 年「森活節」中，阿史亦於梅子林及荔枝窩舉辦了「村上吾家」在地環境音樂劇場，連繫兩村村民參與演出，親身演繹屬於他們的家的故事，把這班新界村民，曾經離開又回來建「家」的故事跳唱出來。

2022 年史嘉茵（右一）在「森活節」創意地於山村試煉將藝術結合活動中特色飲食

口到

2022 年 12 月 24 日，「森林村落：梅子林及蛤塘永續鄉村計劃」舉行年度重點項目「森活節」序幕式。Charles 和阿史等進一步在山村試煉藝術潛力，包括結合活動中的特色飲食。我在「森活節」序幕式活動中，品嘗了在地出爐「聖誕森林冬蓉酥」（森林冬蓉酥 / 老婆餅來自鄰近的蛤塘村，白色聖誕樹飾面則由「森林村工」精心加工試製），還配上梅子林「五穀柑皮茶」，這些創意既滲入藝術氣息，同時彰顯在地特色，讓訪客們細味品嘗，回味無窮。此年度「森活節」舉辦了一系列山旮旯森林村落的文化活動，讓大家在森林浴中體驗客家農村，當中有蛤塘村楊桃老樹楊桃醬菠蘿油體驗班、客家傳統柴火飯聚等，有口福！在復育山旮旯客家村的歷程中，Charles 及其團隊充當在地藝術試煉者，發揮創意，令大家點止「耳目」一新，更可「口到」甚至「心到」，於多角度領悟偏遠鄉郊的復育潛質。歡迎大家「人到」。

2024 年，沙頭角禁區實施進一步開放，便利更多人到此一遊，更可在此善用水路以更快捷地到訪鄰近鄉郊，如荔枝窩、梅子林、吉澳、鴨洲、谷埔等。而阿史憑藉對藝術及鄉郊文化等的熱情，在 2024 年初與一伙人，又創意地開啟了轉化沙頭角禁區內新樓街 6 號騎樓式歷史建築物為「王昌泰盒子」的試煉。「王昌泰」是新樓街 6 號的老舖字號，1941 年起為米舖。2022 年，阿史因工作關係有緣

2022 年 12 月 24 日「森活節」序幕中史嘉茵創製山村出爐冬蓉酥結合白色聖誕樹

遇上了「王昌泰」後人之一王漢輝先生 Steve，訪問交流時他在休眠已久的老店內竟發現封塵老帳簿，上面寫有連繫鄰近村落的名字。之後，Steve 有意復修老舖建築，阿史主動協助，夥拍一班年青人清理店內舊物，在閣樓又發現兩個生銹鐵盒子，內裏滿載陳年信件和文件，她直覺：「這些連繫舊墟市與鄰近古村的文物，要讓更多人見到。」感謝 Steve 支持，創新的「王昌泰盒子」社區活動空間由此而生，阿史和一伙有心人通過文化、藝術和歷史的交流方式，連結區內外人。2024 年 1 月「王昌泰盒子」舉行開幕禮，對外開放，經營了約一個半月，舉辦了藝術展覽、放映會、懷舊影樓、荔枝窩稻米相關工作坊等。阿史希望「王昌泰盒子」能夠創造一個空間，連結當地人士，保留當地故事，並期待以某種形式一直延續下去，歡迎大家到訪支持這些饒有意思的試煉。

2024 年初史嘉茵（右一）於王漢輝（右二）支持下開創「王昌泰盒子」社區活動空間

深耕里山保育的
生態女文青

　　復育山旮旯鄉郊的生力軍，包括年輕人，葉曉文 Human 展示由保育生物多樣性的藝文青至復育里山的「曉文曉武」故事。「里」和「山」可指鄉里村莊的環境和山水自然的生境。相傳中國古時立春前，會立耕人與耕牛像，象徵春回大地，提醒耕人勤備復耕，而曉文喜歡牛，在鄉間曾繪畫耕牛壁畫。她不時與牛同行的文青真人真事，寄語大家可多角度投入鄉郊可持續發展的耕耘，當中可趣味盎然。

彩繪筆耕

　　按《香港生物多樣性策略及行動計劃 2016-2021》，具體行動範疇包括推動社會參與，如透過舉辦年度節目讓合作伙伴參與及向

2019 年葉曉文 Human(右一) 在沙頭角梅子林的壁畫創作如雀仔屋令人眼前一亮

市民推廣生物多樣性。2017 年 10 月，第三屆香港生物多樣性節開幕，主辦方漁護署創新地透過本地藝術家作品如繪畫，合伙展示本地生物多樣性的多姿多彩，時任環境局局長的我主禮，有緣遇上以水彩畫藝術參展的曉文。話說初中時喜種盆栽的她，原喜城市風景，約十年前發現「通山走」的樂趣，亦喜歡生物多樣性的自然趣味，故藉畫作記，尤愛畫以香港命名的物種，如香港木蘭。此香港生物多樣性節，正好藉藝術手法讓更多人欣賞本地生物多樣性，並同行加以保育，例如郊遊時「山野不留痕」。

壁畫新耕

約十年前葉曉文 Human 發現香港生物多樣性的自然趣味之後希望貢獻藉畫作記

2019 年，香港大學「永續荔枝窩」計劃伸延部分「梅子林藝術活化」項目的機緣下，曉文新嘗大型生態壁畫的策展，為山旮旯的沙頭角梅子林復育立下新里程。創作歷程中，曉文先去深度領悟當地人文歷史和鄉郊自然特色，獨居村中三個月！結果，極具鄉郊特色的壁畫創作，令古村梅子林人氣急升，被喻為美麗「壁畫村」，當中「牛屋」的悠閒牛牛、「雀仔屋」的梅子和孟婆雞等壁畫，都令人眼前一亮。自此開始，曉文愛上偏遠鄉郊的樸與靜。她在此的故事，亦被視為 2022 年上映的香港電影《緣路山旮旯》中的角色原型。

隱山躬耕

2021 年，曉文正式遷居荔枝窩，與梅子林為鄰，展開「半農半 X」生活，並在 2022 年成立「隱山」農場。她除了在荔枝窩租田耕種豆菜花果等等外，還於政府鄉郊辦「鄉郊保育資助計劃」資助的「森林村落：梅子林及蛤塘永續鄉村計劃」下，化身「植物保姆」，

2021年葉曉文 Human (右一) 遷居與梅子林為鄰的荔枝窩，之後成立隱山農場

默默培育梅子林一帶罕見及具生態與文化價值的物種，如粗喙秋海棠、尖苞柊葉、薯莨等。同時，「隱山」農場創辦了多元化的里山活動，如「隱山招牌花花曲奇製作班」和「壓花繪畫學習班」。

熱耘寒耕

近 7 年寒暑，曉文執畫筆，由水彩畫至大壁畫；又執筆，著有多本與自然生態相關的散文及小說集；執相機，拍攝生物多樣性，包括荔枝窩的兩隻牛牛好友；執鋤頭鐮刀等，戴大草帽耕田；執廚具，製花花曲奇；執教鞭，擔任嶺南大學中文系和浸會大學的駐校作家，教授自然創作課；還執電筒，

葉曉文 Human（右四）於隱山農場不時頭戴大草帽並在荔枝窩創辦多元的里山活動

導賞「隱山」活動之「荔枝窩生態夜行學習之旅」。2022 年 12 月，我和家人投宿香港鄉郊基金「荔枝窩客家生活體驗村」時，自選體驗項目就包括「隱山」生態夜行，縱然冬夜，於村內外遊走兩小時，只見秘景處處，但在此先不劇透、賣個關子。

近年，曉文不論寒暑，發揮她的「曉文曉武」本色，貢獻本地保育的多元所需。她樂在其中，但笑言：「耕田和筆耕一樣辛苦呀，搵食艱難，但感受良多。居於偏遠鄉郊、當個現代女版陶淵明，至此不知不覺也有三年多，今年將會把農耕經歷和體會結集成書，字數六萬，配上一百張手繪插圖，有血有淚有汗水，希望大家多多支持！」

3.20

復育山旮旯鄉郊的
生力軍

始於 2020 年，香港中文大學建築學院教研人員所領團隊，積極投入復育鄉郊的事務。團隊人員涵蓋建築、人類學、生命科學、地理及資源管理、文化及宗教研究等學科，項目都山旮旯，由沙頭角梅子林、谷埔等古村，至大嶼山大東山頂爛頭營，及嶼南沿岸村落如水口村。

執牛屎

香港中文大學鍾宏亮教授 Thomas 笑言，都是由執牛屎起。約 4 年前，他機緣巧合遇上沙頭角梅子林曾玉安村長，被邀下鄉考察幾近荒村的復育可行性。教授首次遠足下鄉，一開始就是與村民和村長義工朋友等同行除雜草、清廢墟、剷牛屎。邊執拾雜物、

鍾宏亮(左)笑言他與復育沙頭角梅子林結緣都是和曾玉安村長(右)等從執牛屎而起

牛屎，邊談論復村、保育大計。隨後，Thomas 與學生執整意見，並於 2020 年尾獲政府「鄉郊保育資助計劃」資助「梅子林復育計劃：實驗性建築復修示範」項目。在梅子林，此香港中文大學第一階段復育方案以實驗性建築連結學生和義工參與，至 2022 年底

2022 年底香港中文大學何子偉、鍾宏亮和李敏婷（後右起）的梅子林實驗性建築復修

於「老屋」和「壁畫屋」竣工，令此山旮旯人氣再升。過程中，有嫁到谷埔的梅子林村民桂英姐樂見其成，亦邀請團隊去谷埔復育，包括復修她夫家村屋和研究周邊環境。就這樣，此團隊越過高山又穿過谷，繼參與復育高山環抱的梅子林，又越村復育谷埔。

尋人記

2023 年 1 月 2 日，Thomas 團隊另一項目「重塑爛頭營：透過參與行動共創建築復修及自然保育」正式開始，獲「大嶼山保育基金」資助。剛巧，當日我連繫了 Thomas、項目研究員李敏婷 Miriam 和何子偉 Jimmy，與香港建築師學會會員等同行遠足考察，予建築師等專業人士持續學習的機會。爛頭營是百年前由散佈華南十數宣教團體同建的高地「桃花源」，但 19 座石屋的歷史和業權皆不同。Miriam 盡用人脈網絡，發掘歷史，包括逐個尋訪石屋現有主人，並接觸百年來散居海外的昔日宣教士和所

2023 年初李敏婷（左二）帶領香港建築師學會會員等考察大東山頂的重塑爛頭營項目

邁向 碳中和
香港 人和事

屬團體。她又依稀記得一位中學同學的父母是外籍宣教士並曾提及爛頭營，亦成為此跨代尋人記對象。同時，Miriam 越洋聯絡各大學的中國歷史及神學研究檔案館，從大堆書信、會議紀錄、期刊等處尋人，甚至從一名 1960-1970 年代活躍於爛頭營的已故美籍牧師安息禮拜紀念冊中找出其好友並逐一聯絡。幸好，坦白說明來意後，對方都不介意她這樣「厚面皮」尋人。其實，被聯繫上的人士大多已近百歲之齡，猶幸其中數位仍清楚記得大東山以至大嶼山一帶舊貌，實屬極其珍貴的第一手復育研究資料。

酹鑊邊

建築學院博士 Jimmy 回想，其團隊於不同村落進行背景研究時，發現從大嶼南水口村至沙頭角谷埔村，直至數十年前仍有烹製傳統菜式「酹鑊邊」（酹：音「瀨」）。最先，團隊從水口一名女性長輩處偶然聽到「酹鑊邊」，另一名 90 多歲婆婆的口述歷史亦提及此。這道菜就地取材，例如沙白蛤和米漿，分別是務漁和務農產物，反映昔日村落周邊的資源，而集體創作烹製時，要有合適公共空間，但在這些村落懂得如何烹製的村民越來越少。為傳承村落傳統，在老村民回憶描述和年輕女村民參與下，Jimmy 作為建築人設計出可讓幾代村民共聚共享美食的流動活動站原型，繼而與不

2021 年鍾的團隊獲鄉郊保育資助計劃支持復育谷埔五肚並設跨學科教育研究基地

鍾宏亮團隊的大東山重塑爛頭營項目獲大嶼山保育基金資助並於 2023 年初正式開始

同村民辦了不下十數次「酹鑊邊」大小聚會，從廚房灶頭帶到屋前禾堂，從小户人家到跨村聚會，兼且邀請了大廚劉晉與村民研究改進菜式。村民對「童年回憶」菜式重現，大感興奮。奇緣之下，建築學院團隊意外化身為這些村落中瀕臨失傳菜式的專家。2021 年尾，團隊又獲「鄉郊保育資助計劃」資助「遊谷探埔：從五肚到谷埔河及平原的多學科保育、教育與行動式復育研究」。2024 年初，我終於有緣在谷埔村民支持的鄉村振興慈善籌款活動中，首次親嚐「酹鑊邊」風味，當日在場人士都紛紛點讚、興盡而歸。

生力軍

Thomas 團隊認為復育鄉郊，需要政府、鄉村、產業、學術

2024 年中鍾宏亮 (前左五) 團隊將復修谷埔李宅 (2024 年初無止橋慈善基金活動時攝)

和研究等多方合力推展。同時，村民固然是重要持份者，但必需吸納新一代和新社群才可保持鄉郊生命力。而大學的跨學科研究和協作，可為復育鄉郊提供基礎，從而將研究成果和創新設計等轉化為可持續方案，這些都要經歷嘗試、實驗、磨合的探索過程。近數年，Thomas、Miriam 和 Jimmy 組成復育山旮旯鄉郊的生力軍。Thomas 從沙頭角梅子林牛屎清理說起，Miriam 於重塑爛頭營項目中宛如神探作歷史梳理，Jimmy 則分享了參與重現瀕臨失傳鄉郊料理的過程，團隊透過不同方式如飲食文化，凝聚村民和持份者，共同體驗鄉郊復育於不同階段的成果，並探索可持續發展的各種可能性，好讓「桃花源」免失傳。

　　我支持低碳本地遊，沙頭角梅子林、荔枝窩、谷埔、榕樹凹一帶，以至大嶼山大東山、水口等都是「桃花源」，有緣山旮旯見！

探知及保育西貢的毅行使者

　　全球氣候變化，香港夏日火熱如火山！2014 年 7 月我參與主禮開幕的西貢「火山探知館」至今十歲了！西貢擁有世界級的地質公園和香港十大勝景之首的大浪西灣等，樂見有火有心一伙人在背後默默耕耘環保相關工作。例如，「西貢區社區中心」總幹事陳培昌 William，於近 15 年來毅行保育。

火山探知館

　　2009 年，香港地質公園正式成為中國國家地質公園時，William 已投入其中，為先鋒之一，並持續至今。2015 年，「香港聯合國教科文組織世界地質公園」成為新稱。2022 年，西貢一帶六角形火山岩柱上榜全球百大地質遺產地之一。2014 年 7 月 15 日，西貢海濱巴

2023年在西灣地區復育計劃的手工草寮
與陳培昌(左)和農夫阿廖笑談項目的艱辛

士總站旁「火山探知館」正式開幕。William作為「西貢區社區中心」的項目負責人，就透過「火山探知館」管理運作，參與至今。他指此「世界級」地質公園內，於西貢除了世上獨特罕見的六角柱石，還有它所造就的海蝕地貌，包括號稱「東海四大名洞」，即橫洲「橫洲角洞」、火石洲「關刀洞」、沙塘口山「沙塘口洞」及吊鐘洲「吊鐘洞」，鬼斧神功，百看不厭。William話說那些年，英軍選址此一帶海岸為操炮區，島上六柱岩柱曾被用作炮艦練靶目標，幸好未至毀滅性破壞。轉眼間，西貢「火山探知館」已至十週年。「火山探知館」予公眾免費參觀，館內設導賞，週末及假日更開辦海路或陸路導賞團邀遊地質公園。

西灣村復耕

2013年，時任環境局局長的我，將西貢大浪西灣「不包括土地」納入郊野公園，加強保育。之後，環保署撥款支持「西灣地區復育計劃」，William引領「西貢區社區中心」團隊及義工一步一腳印推展此山旮旯鄉郊及自然保育項目，喚醒村中河溪兩岸已沉睡

2017 年陳培昌帶領西灣地區復育計劃，包括喚醒村中溪兩岸已沉睡約半世紀的農田

陳培昌指超強颱風多次嚴重影響西灣復耕物產，如 2018 年山竹時農田全淹水若人高

約半世紀的農田。開荒艱辛，之後復耕營運亦艱苦。2018 年 2 月 5 日寒風中，此項目的「西灣遊客資訊中心」開幕，我應邀翻山越嶺去主禮，當中領略西灣復育復耕工作者的重重挑戰，包括地點挑戰，交通不便，物流困阻；水源挑戰，往往春耕缺水；以及臨海挑戰，逢大潮就有海水淹田風險，農田可頓若汪洋，田中物產化為烏有。2018 年，超強颱風襲港，農田全淹，水若人高。復耕設施頓毀，農夫心血清零。猶幸「西灣地區復育計劃」有督導委員會眾委員提供支援，項目前線同事亦有心有毅力，例如，有大小工程解決師「豬仔」和資深農夫「阿廖」。「阿廖」更身懷難得手藝，西灣復耕田邊的草寮就是出自其巧手。

西灣村復育

在山旮旯西灣復耕需復育毅行者，如資深農夫阿廖和大小工程解決師豬仔（左起）

「西灣地區復育計劃」由啟動至 2023 年，歷時約 6 個寒暑。2023 年年中，此項目曾向「鄉郊保育資助計劃」提交第三期申請，希望另選於鹹潮風險較少的荒地作有機復耕，並復種香港一度失傳的水稻「花腰仔」，復育點子亦提出新增「沙罟拖網」示範體驗，以復現西灣亦農亦漁傳統中的特色捕魚方式，還打算安排義工參建由西灣村上山的手作步道，以方便公眾探知香港現存較大型的炭窯遺址。在山旮旯村落復耕

西灣復育團隊的「小花」（右一）在早些年由辦公室女職員轉投田野花間開心毅行

復育，需承先啟後，薪火相傳，我樂見青年參與其中，順提西灣復育團隊之中，除了上述成熟穩重的成員如「豬仔」和「阿廖」，同事中亦有年輕人如「小花」。我在西灣遇上「小花」，她說早些年毅然由 OL（辦公室女職員）轉到田野間，與花草菜果打交道，投入守護自然的毅行者行列，好開心！言談間，發現她也曾居於沙田坳邨，算是我的同邨舊鄰居。但至 2023 年尾，因種種原因，終於「西灣地區復育計劃」要告別落幕了，我心感惋惜，惟仍十分敬佩一大伙保育毅行者六年來的努力耕耘，這些人和事都值得記下。而西貢大浪西灣，仍是我自年少就鍾愛的低碳本地遊所在。

西貢淨海岸

2018 年，William 團隊也曾向署方申請資助以開展「西貢海岸清淨運動」，引領義工到區內海廢嚴重的秘景位置作淨灘，當中就不同景點亦會結合生態和文化歷史導賞。一些需淨灘但相對難達的海岸秘景，就與六角柱石為鄰，如萬宜水庫東壩旁的無名小灣 (William 稱之為「東壩仔」) 及鄰近花山的「檢豬灣」。2019 年，環保署「海岸英雄」嘉許禮上，William 所代表機構亦是淨灘先鋒之一，多年來支持清潔海岸，保護環境。William 團隊正在籌劃下一階段的淨灘活動，由西貢海岸或至大嶼山海岸，若公眾想當有毅力的義工，可留意他們相關網頁及社交平台。近年，William 團隊的保育工作更多元化，包括郊野公園植林優化、郊遊熱點綠色大使等。

十多年前，因緣際會，William 離開商界，「中途」出家，加入地質公園導賞員行列，亦由此踏進保育毅行路。聞說，William 偶然仍會被同事打趣笑其「生意佬」氣味猶在。我想，環保工作正需多元背景的人士毅然同行，砥礪前行。

2023 年尾西灣地區復育計劃落幕了，但是這些保育毅行者的故事都值得記下

3.22

淨山林又修山徑的
環保使者

　　清明又稱「踏青節」，《歲時百問》云：「萬物生長此時，皆清潔而明淨」。大家到郊野踏青，或會見一伙伙有心人在淨山、修徑，義務保育本地山林生態的明淨。當中，或許還會遇上山系女生鄭茹蕙 Vivien，我稱她為淨山修徑的召集人。

移鋁罐山

　　Vivien 話與我初見面，應在約廿年前，當時她初入環保團體工作，其機構邀請我從環保建築師角度講述香港建築環境的挑戰，包括相關法規如「街影法」等的變革。之後，交流多圍繞減廢至淨山等。Vivien 首度相約我淨山，就在 2015 年 11 月 14 日，往西貢嶂上高原「移山」。嶂上位處麥徑第三段，話說當時山旮旯士多

2015 年與鄭茹蕙 Vivien（前右二）和眾義工登西貢嶂上高原移走陳年「飲品鋁罐山」

旁，多年來積存了一大座「飲品鋁罐山」。此山中奇景，日積月累，是座越來越高的活鋁丘！ Vivien 行山路過，驚見奇景，於是召集「移山」行動，近四十位義工登山參與，包括我和時任環境局局長政治助理區詠芷 Michelle。在嶂上，一伙人先將空鋁罐分裝包扎，之後如螞蟻搬家，各自施展不同「武功」將之抬至山下車路旁，送上預約的回收車。當日，下山步程約一小時，統計回收了共約 14,000 個鋁罐，轉廢為材。以人均計，每人「移山」約幾百個鋁罐之多。

為清掃嶂上鋁罐山鄭茹蕙 Vivien 於 2015 年底召集義工並如螞蟻搬家送罐下山回收

無痕山野

之後，Vivien 等人在嶂上士多設立回收袋，鼓勵士多老闆善用，以及邀請行山團體定期將回收物提往山腳回收，嶂上鋁丘從此消失。當然，大家遠足郊遊時，更宜「自己垃圾自己帶走」。2015-2016 年，是香港郊野相關教育的新里程，政府部門如漁護署，聯同行山組織和綠色團體等，在當時環境局大力支持下，加強推動「山野不留痕」(Leave No Trace)[1]，包括在 2015 年 9 月先於部分郊野公園山徑推出「自己垃圾自己帶走」公眾教育試點，並在 2016 年 9 月展開第二階段行動，當中撤走沿山徑垃圾箱。所謂「行山有道」，Vivien 等山友及環保界 KOL（關鍵意見領袖）都大力配合推廣，保育山林生態清潔明淨，令「自己垃圾自己帶走」成為香港山界普及文化，同時不少愛山之人如 Vivien 更不時召集淨山。

淨大帽山

近幾年新冠病毒疫情期間，香港郊野面對新壓力，因外遊受限，市民轉移在本地尋旅遊樂。多些市民欣賞香港郊野原是好事，但部分郊遊新手似乎未習慣「行山有道」，縱使漁護署已積極推廣，包括在各郊野熱點加強宣傳「自己垃圾自己帶走」。2023 年元旦假

---

1 山野不留痕 Leave No Trace (LNT) 可譯作「無痕山林」，意指戶外休閒活動時在山林野外不留下任何痕跡，是一套促進郊野環境保育的道德規範。起源於 20 世紀中葉的美國，這個概念最初始於因應荒野休閒活動造成的生態破壞而引發的一項運動。1994 年，非牟利組織 Leave No Trace Center for Outdoor Ethics 成立，提倡七大原則，包括郊遊時妥善處置垃圾（例如自己垃圾自己帶走）、保持環境原風貌、尊重野生動植物等。

邁向 碳中和
香港 人和事

2023 年元旦假期與鄭茹蕙 Vivien、大帽山連姐 (右起) 和跑手黃浩聰 (左一) 同行淨山

期，Vivien 號召大伙兒去香港第一峰淨山，順道觀察疫下郊野近況，同行人包括大帽山茶水亭連姐、越野跑頂尖高手黃浩聰等。沿途的郊野垃圾多在隱處，最意外是在高地一美麗草坪上，發現一整個塌下來的露營帳幕，似乎是缺德人士元旦一宿後，用完即棄，帳篷內外更混雜各樣用品及廚餘，還有未開封的新鮮食材及日用品，真是大嘥鬼！我們幾人合力清理，費力將垃圾抬下山，亦藉此事件，各自透過不同媒介，呼籲大家行山露營時，應愛惜郊野。保育郊野，是我們一伙人的志趣，也是使命。

2023 年初與跑手黃浩聰 (右) 等在大帽山淨山時遇上露營帳幕用完即棄的缺德行為

修築山徑

2019 年與鄭茹蕙 Vivien（左一）和義工隊
到大欖郊野公園以手作步道方法修築山徑

推動「山野不留痕」，亦包括近年同行探究的「可持續山徑」。香港郊野公園山徑，一向主要以「手作步道」方法修築，即是以人手及天然物料為主，既切合低碳環保，景觀上亦與自然環境融合，但手作修築山徑甚花人力，而且，香港的熱門山徑，遊人密集，受侵蝕耗損的程度甚大。2019 年初，Vivien 所工作的團體成立了一支「自己山徑自己修」義工隊，並邀請大眾加入，在漁護署資深師傅指導下，參與山徑維修工作，至今已有近 200 名義工接受培訓。Vivien 呼喚下，我亦曾親身去體驗修復被嚴重沖蝕的山徑梯級。透過親身參與，義工們更領會山徑水土流失的情況，其實與行山人士的行為息息相關，Vivien 亦藉此幫手宣傳大家行山時應愛惜山徑，須知「級級皆辛苦」，並且宜「行正路」，不宜胡亂「爆林」、開闢捷徑，更不要破壞沿途植物。2023 年 10 月 26 日香港山徑日，Vivien 所工作的機構出版了本地首本探討可持續山徑的書，書名為《看不見的山徑——香港可持續山徑之初探》，進一步推廣愛惜郊野和天然山徑景觀，希望合力守護大自然之美。

其實多年來，Vivien 對郊野貢獻了「護山四寶」，由植樹、淨山、修徑，至推動「Events Go Green」。後者為引導郊野內舉辦活動的主辦者加強減廢減碳，以減緩大型活動對郊野環境的影響，尤其以郊野內舉辦的活動，普遍已培養了「少用即棄」之風氣，減

少遺留郊野垃圾，項目自 2016 年開展，已支援逾百個大型活動落實具體減廢減碳措施，與合共逾 80 萬位活動的參加者，一同從源頭減廢，並回收了逾 20 萬個膠樽、逾 10 公噸紙皮、約 4 萬個鋁罐等，送往妥善回收。而植樹方面，經 Vivien 統籌所種樹苗，累計幾十萬棵了，可形容為遍布四野了！

　　早前，與 Vivien 和友人行山郊遊，大家享受「山野不留痕」之樂趣，同時沿途探望她所修山徑和所植山林，她愛心開心之情溢於言表，因每處植林，她和義工團隊都花了甚多心機去選種、植苗和育樹。Vivien 深感香港擁有如此郊野美景是福氣，引以為傲，並繼續樂於擔當搭建平台及機會的使者，召集更多人去愛惜郊野，並感染其他人也投入，令這份福氣得以永續，世代共享。下次 Vivien 和我又去低碳本地遊兼「護山」，你也同行？

2023 年鄭茹蕙 Vivien（前中）所供職的機構出版香港首本
探討可持續山徑的書籍並舉辦相關展覽

邁向 碳中和
香港 人和事

鄭茹蕙 Vivien（左）呼籲大眾多低碳本地遊兼加強護山以支持香港邁向碳中和

邁向 碳中和
香港 人和事

第四章

邁向零碳 同心合力

4.0

合

　　2022 年年中之後，我終於有多些時間思考過去與未來，包括回望和盤點過去幾十年歷程，選擇繼續前行的路向。並且，想到可以「起承轉合」四個字，來概括過去的三個階段和當下進行中的歲月。在頭一個階段，我有緣從對傳統民居的欣賞歷程中，進而與綠色建築的早期發展結緣，並投入其中，是為源起，此段落歷時約廿年，當中遇上眾多建築界好友和伯樂，同行推動多方面的綠建事宜。次階段，可以 2003 年非典疫情襲港為界，至 2012 年年中，此階段近十年歷程，我作為專業建築師和更多有心人聚焦綠色建築的範疇，致力承先啓後。第三階段即 2012 至 2022 年的十年間，我轉入官場，擔任環境局局長，與同事和不同持份者致力轉化香港的環保可持續發展政策，包括引領香港力爭 2050 年前實現碳中和，當中有緣遇上不同的人和事，支持香港低碳環保多元轉型。

斜槓族

自 2022 年下半年起，經小休及將書櫃歷年所藏「斷捨離」後，即展開「合」的階段，意指結合我過去所學及經歷，合力與社會各持份者繼續支持香港的可持續發展，包括配合邁向碳中和所需。機緣巧合下，我投入了 A/B/C 的斜槓族新里程。A 代表 Architecture（綠色建築相關的學術工作等），B 代表 Bridge to China（無止橋慈善基金的義務工作），以及 C 代表 Community（各界社群邀請的環保相關事務）。

綠建築

A for Architecture，代表綠色建築相關的學術工作等，例如應邀擔任大學等高等學府的榮譽教授，配合大專院校的課程，傳授可持續環境設計的知識和經驗。例子之一，香港大學建築系 2022 年新設「可持續環境設計理學碩士課程」(The Master of Science in Sustainable Environmental Design (MSc(SED))，學生背景屬建築師、工程師、測量師、園境師、城市規劃師、都市設計師等，我參與其中，尤其講解大城市的環保可持續發展相關政策，包括邁向碳中和，希望同學們將來在不同崗位都合力支持低碳轉型等氣候行動。另外，香港建築師學會亦需舉辦持續專業進修活動，我應邀配合其環境及可持續發展委員會，合力籌劃遊山遊學系列，支持低碳本地遊，同時結合保育生態環境和偏遠鄉郊等的知識。過程中，遇上眾多有心人同行，合力推動學術上的教與研，以至專業上的持續進修，支持香港城鄉的可持續發展。

無止橋

B for Bridge to China, 意指無止橋慈善基金 (Wu Zhi Qiao (Bridge to China) Charitable Foundation) 的義務工作,當中推動內地和香港兩地的鄉村振興,結合青年參與和低碳環保。2003-2005 年間,即籌劃和建造首條無止橋的階段,我已經有緣作為義工之一,參與其中。之後,樂見眾多有心人支持於 2007 年正式成立無止橋慈善基金。至今,無止橋慈善基金已經 17 歲,工作焦點亦由早期的在內地偏遠鄉村建橋扶貧為本,至近年轉而配合內地和香港兩地的鄉村振興新政策,同時支持國家的「雙碳目標」等氣候行動,擔當起兩地偏遠鄉村振興示範項目交流互動的橋樑。

合社群

C for Community, 社會上不同人士都越來越關注保育事宜,我會應各界社群之邀請合力推動環保相關的行動。面對全球氣候變化危機,需要更多人加深了解,於方方面面配合低碳轉型,並結合生態環境保育,支持香港邁向碳中和。自 2023 年,我應邀擔任香港海洋公園保育基金的保育大使,合作向社群推動減碳保育,當中我與關注環保的不同人士,上山下海,深入了解香港海洋公園保育基金的工作,之後撰寫《星星之伙》文章登報。記得有一次我們一早登山參與清潔河溪活動,下山後吃簡單午飯,到入黑又再次上山尋龜,有人不禁笑說,每篇約千字的「星星之伙」專欄文章需步行兩萬步才能完成。在撰寫迄今為止的六篇「星星之伙」文章時,於這十多萬步的遠足過程中,遇到鯨豚擱淺專家、清徑先鋒、兩棲類研究專家、年過七旬的鱟愛好者、香港海洋公園保育基金的其他年輕同事等。社群中,每一位都可在自己的角色及領域中發揮所長,

合力保育山海河岸，守護中華白海豚、盧氏小樹蛙、原生淡水龜、馬蹄蟹等本地物種，維持香港的豐富生物多樣性。

實現碳中和與環境保育的目標，不僅僅依賴一群熱血的保育工作者，更需要廣大公眾和社區的參與，才能實現可持續發展的願景。在我的 A/B/C 斜槓族新里程中，會繼續積極將熱誠和知識帶入社群，包括年輕一代，合力氣候行動等，支持「綠水青山就是金山銀山」。

4.1

探究都市氣候學的
教研同行者

面對全球氣候變化的嚴峻挑戰，可持續建築環境的研究及教學，更見任重道遠。過去至現在，我都有緣參與其中，貢獻所長，更開懷是見到年輕一輩積極上進，體現長江後浪推前浪。在此恭賀香港大學建築學院副教授任超博士 Chao，在 2022 年榮獲香港大學年度「楊紫芝 90 傑出青年女學者獎」及 2023 年度香港大學「卓越知識交流獎」。近十多年，她師承香港中文大學吳恩融教授 Edward 和德國 Lutz Katszchner 教授等，與都市氣候應用研究結下不解緣。2022 年下半年，她在香港大學建築學院開創的「可持續環境設計理學士碩士」(MSc(SED)) 課程開學，亦邀請了我合作、專門教授大型城市可持續環境的政策與管理，如香港的氣候行動和環保政策，如何與可持續環境設計息息相關。我鼓勵更多相關人士報讀各類似課程，同行應對氣候變化，同時締造宜居城市，支持邁向碳中和。

2022 年任超（左）開創香港大學建築學院可持續環境設計理學士碩士 MSc(SED) 課程

本地都市氣候地圖的先鋒

回顧 2000 年代，香港社會關注屏風樓、熱島效應等高密度建築環境問題。2006 年，香港中文大學建築學院團隊牽頭《都市氣候圖及風環境評估標準——可行性研究》，為規劃署探究改善城市生活環境的規劃和設計措施。我曾參與該研究專案，擔任團隊主要顧問成員之一，當年 Chao 剛入讀博士，身兼研究助理。那些年，都市氣候學應用在亞熱帶高密度城市規劃和設計仍非常有限，

故此原訂三年期的顧問研究最終六年才完成，過程充滿高難度挑戰和突破，特別是如何將氣候科學研究和評估，轉化融入香港獨特氣候環境，進而助力高密度規劃系統和設計實踐。在這過程中，Chao 默默耕耘，於高強度的工作節奏中茁壯成長，縱然艱辛，卻是她學習進步豐收期。2015 年，時任環境局局長的我，代表特區政府赴巴黎參與聯合國氣候變化大會 COP21 之前，公布《香港氣候變化報告 2015》，當中關於適應氣候變化的專章就簡介了 2012 年出台的「都市氣候建議圖」，助城市規劃減緩本地熱島效應以至全球暖化所引致的高溫熱浪等疊加挑戰一臂之力。

2023 年任超博士榮獲香港大學年度楊紫芝 90 傑出青年女學者獎時強調合力研學

同事同學合讚任超博士（前右四）榮獲香港大學年度楊紫芝 90 傑出青年女學者獎

內外「呼吸城市」的紅娘

至 2010 年代初，內地城市規劃師和政府官員等陸續關注如何提升城市居住的環境質素，紛紛來港取經，希望將都市氣候環境評估納入各自城市發展。因此機緣，Chao 參與了內地多個城市的通風廊道規劃和城市設計導則訂定。2016 年，Chao 根據她的博士論文，編寫出版《城市風環境評估與風道規劃——打造「呼吸城市」》，首版近千本首年售清，躋身北京建築工業出版社書籍出版前十名（社內品質評選）並獲建築科技類圖書三等獎。隨後，Chao 結合在內地城市規劃實踐和科研經驗，參與編寫《氣候可行性論證規範：城市通風廊道，QX/T437-2018》與《中華人民共和國國家標準：城市總體規劃氣候可行性論證技術規範，GB/T 37529-2019》。之後，2019 年國家自然資源部《全面開展國土空間規劃工作的通知》明確規定地級以上城市需在城市國土空間規劃中開展實施和審查通風廊道格局與管控，2020 年《市級國土空間總體規劃編制指南》進一步明確城市中心城區通風廊道佈局與控制要求。同時，Chao 還受邀參與了法國、荷蘭等地的城市環境氣候應用顧問研究專案。

2016 年任超（前左六）在香港中文大學建築學院幫助教導綠色建築環境的碩士課程

高溫疊加建築密度的學者

2010 年代，全球氣候變化引致極端天氣更明顯。世界各地均感溫度攀升，高溫熱浪屢破記錄，香港的酷熱天氣越見頻繁。有鑒於此，Chao 積極前瞻，思索如何將氣候變化納入研究範圍，她於 2012 年起與香港中文大學公共衛生健康學者合作開展城市氣候健康影響評估，並於 2016 年獲香港研究資助局的優配研究金及 2019 年研究影響基金，將研究重心轉向高溫熱浪及其健康風險評估，包括和香港天文台合作，以惠及更廣泛社群，尤其是長者。全球氣候變化疊加香港亞熱帶氣候特點及本地高密度建築狀況，導致高溫熱浪下，本地高溫空間的晝夜分佈及特點均與歐美地區甚為不同，故需多加探究。Chao 團隊的研究發現，持續「熱夜」高溫天氣將帶來顯著健康風險，尤其是女性和長者，因身體結構和長期病患等，在持續炎熱情況下死亡風險會大增！香港天文台參考此研究成果，在 2021 年 9 月更新了酷熱警告系統及相關天氣服務，呼應 2021 年 10 月環境局牽頭公布《香港氣候行動藍圖 2050》中的「適應氣候變化及應變」專章。近年，踏入全球沸騰時代，從 2023 年起她擔任香港紅十字會備災及緊急應變策略委員會委員，參與指導開展氣候變化相關社區服務支援活動，希望合力提高城市應對氣候變化如高溫熱浪的韌性。

《全球環境展望7》作者之一的任超（左三）出席 2023 年聯合國際環境規劃署會議

全球城市氣候專家的一員

Chao 常笑言她是百分百港產博士，出身建築設計，卻跨界去研究城市氣候。尤其是她參與香港的貼地研究和實踐應用，陸續受到國際學術圈的關注及國際組織的邀請，積極參與氣候變化相關的國際合作項目、全球報告及導則編寫，包括擔任政府間氣候變化專門委員會第六次評估報告 (IPCC AR6) 撰寫作者之一、世界氣象組織 (World Meteorological Organization) 城市氣候專家成員、全球高溫健康資訊網絡 (Global Heat-Health Information Network) 指導委員會專家成員等。2024 年初，她被 Elsevier 出版社委任為國際學術期刊《城市氣候 (*Urban Climate*)》的主編，這是對她十多年來的學術成就的肯定和勉勵。

衷心希望 Chao 在國際學術舞臺上，對城市可持續發展持續貢獻聰明才智。若能做好本地研究，不但可應對香港獨特的都市氣候環境和城市密度，還可讓內地外地城市借鑒，整體推進各地城市環境的正向發展，造福社群。而我在當下及未來歲月，正和不同大學不同學者合力研學，作育英才，以配合氣候行動提速提效所需。

2023 年任超（右二）領獎時不忘與首屆 MSc(SED) 碩士生合力示意支持邁向碳中和

4.2

香港建築師學會的
遊山遊學團

　　回想自 2000 年起，即近四分一世紀前，我參與發起香港建築師學會的環境及可持續發展委員會，並與一伙人同心合力籌劃和綠色建築環境相關的持續專業進修系列，當時全球的綠色建築運動剛處於萌芽階段，香港業界中的熱心人士都十分期待此機遇，希望擴闊國際視野，尋找本地應用程式，一起透過綠色建築的規劃、設計、建造、管理及使用等，助力節能節水節材節地以及提升戶內外環境質素。香港建築師學會至今仍在致力推廣類似的持續專業進修，且與時俱進，包括同行應對氣候變化，支持業界配合香港邁向碳中和之旅。

2023 年香港建築師學會遊山遊學系列首行是鍾宏亮 (左 11) 團隊導賞爛頭營的保育

遊山遊學

2022 年年底，香港建築師學會正值兩年一度的主席換屆準備期，接任學會新一屆主席的是資深建築師陳澤斌 Benny。當時，大家見面交流，我期望新任會長可帶領香港建築師學會加強對《香港氣候行動藍圖 2050》等政策方向的支持。Benny 閒時健行，鍾愛在香港各處遠足行山，與學會的環境及可持續發展委員會主席楊燕玲 Yvonne 一同談起，除了承傳廿多年來主要在室內舉行的持續專業進修安排，Benny 提問：「會否籌劃一些可一邊行山一邊學習

的機會？」就這樣，我以顧問身份，重投協助香港建築師學會環境及可持續發展委員會籌劃持續專業進修活動的行列，並在 2023 年的春夏秋冬四季，支持了四項低碳本地行。至 2024 年初，又繼續籌辦新一年度的春之行旅。回望 2023 年上述遊山遊學系列，吸引了香港建築師學會以至環保建築專業議會聯繫的多個專業團體會員參與，當中不同背景的年輕會員亦有同行體驗學習。

鄉郊保育

2023 年夏竹棚大師傅陳煜光（右二）解說蒲台島懸崖上天后誕大戲竹棚傳統的傳承

2023 年秋侯智恒（左一）和羅惠儀（右二）伉儷導賞塱原自然生態公園一帶的鄉郊保育

2023 年 1 月 2 日，登上了大嶼山大東山頂一帶的爛頭營，多謝香港中文大學建築學院鍾宏亮教授 Thomas 和研究團員的深度導賞此「大東山石屋再生建築遠足之旅」，打開了此近百歲建築群的神秘面紗，並分享他們正進行中的保育活化項目，當中博士生李敏婷 Miriam 的細緻導賞，反映她的深度研究及心之所嚮。2023 年 4 月，適逢天后誕的月份，登上香港「南極」蒲台島，亮點之一是觀摩一年一度面向島上天后廟而短期搭建的「崖上竹戲棚」，多謝竹棚大師傅陳煜光先生深度解構此位處貼海懸崖上大戲竹棚的獨特建造設計心思和玄機，

包括當中一直堅持的傳統智慧和與時並進的所需演化，同行的各界建築專業人士都讚嘆大開眼界，表示深值保育傳承。

生態保育

2023 年冬郭志標 (中) 和鄭茹蕙 (左) 帶隊深度遊馬鞍山郊野公園一帶的古今山徑工藝

2023 年 10 月，預覽塱原自然生態公園及遊歷附近一帶鄉郊，多謝眾多專業同事和友人導覽，尤其感謝香港大學侯智恒博士 Billy 和羅惠儀博士 Winnie 伉儷的聯袂導賞，沿途介紹，大家可藉此更了解北部都會區未來保育與發展的想像。2023 年 12 月尾，多謝山界前輩郭志標先生和後起之秀鄭茹蕙女士 Vivien 的星級導賞，帶隊深度遊馬鞍山郊野公園一帶的古今山徑工藝，他倆在 2023 年先後各自出版了山徑新書，前者《香港古道行樂》，後者《看不見的山徑——香港可持續山徑之初探》，學員從中不但知古，而且了解山徑修築與生態保育環環相扣的未來。

氣候行動

2024 年 4 月，兩日一夜到訪了世界自然基金會香港分會管理的米埔自然保護區，體驗了保育世界級濕地的新舊設施，當中重點更

2024 年春在米埔自然保護區體驗濕地新舊設施，交流並思考如何提升氣候行動

邁向 碳中和
香港 人和事

是大家可領悟本地偏遠鄉郊自然美以至傳統文化智慧，以及思考如何提升氣候行動，包括推廣低碳環保轉型和加強氣候變化應變能力。當中，多謝世界自然基金會香港分會同事、米埔自然保護區新建的綠色建築項目建築師、環境工程師等到場講解箇中的設計和挑戰，未來北部都會區的類似項目可以此作借鑑。

面對全球氣候變化以及生物多樣性等重點議題，需要多元背景的各方人士多了解多參與，並集思廣益地籌劃解決方案。近年國際間倡議的「基於自然的解決方案」（Nature-based Solutions, NbS），於香港亦開始了更多的討論以至應用建議，不少建築業界人士也漸漸參與其中。作為香港建築師，我衷心希望同業積極投入氣候行動，當中可考量結合「基於自然的解決方案」，助力強化氣候變化適應能力以至減碳，支持香港邁向碳中和。而閒時，亦宜低碳本地樂行，支持香港的偏遠鄉郊及生態環境的保育。

4.3

鄉村振興
「無止橋慈善基金」

2017 年，香港保育偏遠鄉郊政策出台，我為時任環境局局長；2018 年，國家推出鄉村振興戰略。兩地用詞有別，但意思相近，同望把握當下鄉間關鍵時空，保育以至振興鄉村，珍惜其文化、生態及生活等蘊涵的重要意義和多重社會功能，以免失傳。

鄉村振興之橋

當下，我擔任民間的無止橋慈善基金主席。無止橋慈善基金自 2000 年代在內地偏遠鄉村以環保手法興建人行便橋做起，共築善橋已逾半百，近年化身內地和香港兩地鄉村振興的橋樑，貫徹低碳永續的方向，在兩地青年義工的合力下推展「陪伴式」鄉村振興示範。無止橋慈善基金近年在內地的鄉村振興工作點，包括黃土高

原上甘肅馬岔村展示生土建築現代化、秦嶺深山中陝西清峪村保育鄉民秦腔戲曲文化、北京市水源地河北小窩鋪村作環保鄉建等。在香港方面，無止橋慈善基金則聚焦沙頭角一帶鄉郊如荔枝窩、梅子林、谷埔、榕樹凹。無止橋慈善基金將積極與不同機構包括內地高校、在地社會組織等協力共創，合作推動「陪伴式」鄉村振興示範，並於近年擴展至內地南方包括福建和廣東，冀有效促進兩地交流合作，支持鄉村振興展現新氣象。

無止橋慈善基金現致力鄉村振興工作並發揮橋樑作用連繫兩地青年義工服務研習

2024 年春無止橋慈善基金首屆村永續公益行展現城鄉青年合推低碳鄉村振興

兩地青年心橋

　　兩地鄉村老齡化、空巢化現象突出，若能做到振興鄉村，綠綠無止，人才振興是關鍵。無止橋慈善基金致力發揮橋樑角色，連繫兩地機構包括高等學校，好讓更多城市青年義工前往鄉村振興工作站服務研習。青年義工既可深入體驗鄉村風土人情，又可義務參與鄉村振興工作，改善村民的生活環境和質素。同時，兩地青年通過「同吃同住同勞動」更能彼此搭建心橋，增強交流互動以至互信。

2024 年春無止橋慈善基金首屆 20 位青年領袖經培訓並完成村永續公益行之後畢業了

青年發展之橋

此外，無止橋慈善基金籌措各方資源以籌辦青年領袖系統培訓，致力培育青年深入了解鄉村振興工作，於未來可擔當推廣鄉村振興的領袖角色。2024 年 1 月 13 日星期六，無止橋慈善基金舉行首次「村永續公益行」慈善活動，為兩地鄉村振興及青年發展籌募善款，感謝眾多贊助及支持者。當天，逾 200 名來自不同企業和機構的人員，以及大學和在地機構代表、村民、義工等共襄善舉，由 20 位多元背景、經 3 個月基礎培訓的青年領袖，分組於沙頭角谷埔、梅子林和荔枝窩一帶帶領參加者低碳深度遊，領略鄉郊保育新氣象，並在三村品嘗特式客家風味小吃。2024 年 4 月，無止橋慈善基金進一步推出首屆「村永續深造班」，以培育青年學員親身實

無止橋慈善基金現正擔當城鄉綠綠無止的良橋以支持兩地鄉村振興及邁向碳中和

踐永續鄉郊項目的能力。30 位多元背景的學員接受 17 位來自本地、內地和海外的專業講師授課，並完成多次實地考察後，學員會以小組形式在香港鄉郊地區實踐創新項目，過程間更可獲 4 位資深導師指導和協助。

　　鄉村振興宜多元參與。作為香港海洋公園保育基金大使，我亦樂見香港海洋公園保育基金同事溫翰芝 Judy 和姚姵如 Pearlie 於

香港海洋公園保育基金姚姵如(左)和溫翰芝(右)參加無止橋服務研習時上山助村民採野菇

2023年同行到河北,參與無止橋慈善基金小窩鋪村暑期服務研習。她倆回程時同聲讚賞「陪伴式」鄉村振興項目,Pearlie說:「項目除了改善鄉建,更燃起村民優化社區的心,可見社區參與是可持續保育的重要一環。」這與香港海洋公園保育基金一直強調的以社區生態教育工作達至可持續保育的理念,不謀而合。在2024年國家主席新年賀詞中,亦指「鄉村振興展現新氣象……低碳生活漸成風尚」。期待更多機構和人士包括青年,同行保育鄉郊,投入低碳樂活,擔當城鄉郊野綠綠無止的良橋。

原文刊登於2024年1月31日明報副刊《星星之伙》專欄

無止橋慈善基金在甘肅馬岔村展示現代化低碳生土建築並推展陪伴式鄉村振興示範

下西貢海上南朗山的
「指南」

近數十年來，全球整體的人均碳排放量年年超標，日積月累，星火燎原，氣候暖化，天氣極端！為減緩氣候變化，近年各地訂立碳中和目標，我任環境局「星星局長」時，籌劃香港力爭 2050 年前碳中和，港人均碳排放量亦由 2014 年 6.2 公噸峰值，降至近年約 4.5 公噸。2023 年 7 月，我應邀成為香港海洋公園保育基金的保育大使，藉此繼續連結更多「星星之伙」，同行氣候行動及環境保育。

護鯨梓南

2023 年 9 月香港經歷世紀暴雨後，我參與了香港海洋公園保育基金在海洋公園後山的南朗山生態調查，夜與晨共兩回。首回黃

2023 年在南朗山與時任香港海洋公園保育基金科學主任陳梓南 (左) 作日夜生態調查

昏出發，一行多人，有生態博士、爬蟲類專家等，還有因當年西貢布氏鯨事件而被追訪的時任保育基金科學主任陳梓南 (Compass)，同行夜探南朗山。幾年前，梓南加入「鯨豚擱淺行動組」，負責整個行動組，他希望每個屍體都可像「無言老師」留下音信，助保育海洋生態。他解剖時曾見牠們胃內積存海洋垃圾，大家日常「走塑」BYOB 減少即棄塑膠，其實有助護海護鯨，同時減碳。

南朗指南

年輕的梓南，當時不止擔任「鯨豚擱淺行動組」負責人，同時為南朗山生態調查團隊核心成員。相較於應對擱淺個案，他指南朗山生態調查屬「防患於未然」的保育方法，旨於評估山頭環境和生態價值，並指望連繫社區，結伙伴齊保育。當天由日落紅霞至天色全黑，一行人登山邊行邊左右觀察，記錄不同種類的蛙、鳥、蟲等，包括長尾的紅嘴藍鵲、金邊的土鱉。途中，梓南人如其名「指南」，指路夜探小溪，希望再探望細如小拇指的本地特別物種——盧氏小樹蛙。

滴滴之喃

南朗山只是俯瞰海洋公園及觀賞日落的打卡點？梓南指：「兩棲爬行學家兼生態保育學者劉惠寧博士在南朗山一次偶遇，聽到了盧氏小樹蛙獨一無二的『滴滴』叫聲。」在瀕危物種紅色名錄中被列為「瀕危」的盧氏小樹蛙，原棲地在赤鱲角、大嶼山和兩個外島，因興建赤鱲角機場，當年劉博士便參與遷地保育計劃，將盧氏小樹蛙族群遷至 8 個地點，但其實南朗山並非遷居點之一。這物種平常活於樹林底枯葉層，需要在不受污染、水質清澈而無魚的小水體中繁殖。由此可見，南朗山的生態環境，值得大家更珍重。

綠在島南

為了觀察盧氏小樹蛙，梓南間中播放牠們的叫聲。3 至 9 月正值繁殖季節，雄蛙會發聲吸引女伴，更會與對手「鬥好聲」爭寵。一行人至溪邊，各自在角落靜候，梓南剛與我一起，聽到「滴

滴」叫聲。其他人以為梓南又在播聲，其實是真的遇上了！星星夜空下，見遠遠華燈，細聽盧氏小樹蛙「滴滴」喃聲，感受南朗山之妙。下山時梓南說起：「日常在港島南返工，想貢獻當區保育相關工作，令社區人士珍惜南朗山的『綠水青山 金山銀山』，更可與居民和學生同行，合力構想如何更好地保育南朗山。」

香港海洋公園保育基金及海洋公園的南朗山生態調查及復育計劃剛起步。為全面了解其生物多樣性，團隊分別在乾濕兩季，日夜上山調查。政府推展「躍動港島南」計劃，可會考慮青年保育工作者如「指南」的社區營造綠色方向？

原文刊登於 2023 年 10 月 18 日明報副刊《星星之伙》專欄

與海洋公園保育基金同事一行多人於清晨登南朗山做生態調查

4.5

護郊野河溪「忍者龜」的先鋒

2023 年中，政府部門聯合行動，拘捕懷疑非法捕獵及管有數十隻瀕危龜隻的疑犯，包括淡水龜類如大頭龜、三線閉殼龜（即金錢龜），同時檢獲懷疑龜蛋及獵具。早前，我便與香港海洋公園保育基金龜類保育員梁錦鴻 Ray 和兩棲類研究專家劉惠寧博士 Michael 等日行山徑，夜探溪澗，關注河溪野生淡水龜的保育情況。

五種原生淡水龜

本地有五種原生淡水龜，包括「水魚」（即中華鱉）、大頭龜、烏龜、金錢龜和眼斑水龜。牠們都屬受威脅物種，其中四種更被世界自然保護聯盟瀕危物種紅色名錄列為瀕危或極度瀕危。以眼斑水

龜為例，現時全港野外數量估計不足百隻。2023 年 12 月初「第28 屆海洋公園保育日」，包括一系列學習及體驗活動，當中宣傳淡水龜保育與生物多樣性，並呼籲公眾多關注非法捕獵及貿易的威脅，勿購本地原生淡水龜作寵物。

（左起）2023 年與「清徑先鋒」李正先生 Terry（左圖右一）尋獲河畔捕龜籠，跟劉惠寧博士（右圖右）登山夜探河龜

海洋公園保育基金聯同民間組織「清徑先鋒」於清徑時同行助力護龜

不法之徒捉野龜

　　由於各地非法捕獵、環境破壞等因素，香港可能是野生淡水龜在亞洲的最後一片棲息地，但卻屢成不法之徒的目標，被活捉轉售作寵物圖利。Ray 強調：「淡水龜在淡水生境中，屬頂級捕獵者，若大自然河溪失去牠們，就如非洲草原失去獅子！」為了協力打擊捕獵問題，保育基金伙拍行山組織成立「河溪保育糾察」，培訓山友查找懷疑捕龜工具，以及清理淡水棲地鄰近垃圾。

清徑先鋒保育龜

早前，Ray 跟同事聯同民間組織「清徑先鋒」，一行約 30 人行山清徑及培訓，我也有同行。數小時邊行山邊清徑的行動中，眾人眼觀四處：上游清溪中看見香港瘰螈卵藏於水中石菖蒲葉間；中途發現林中藏膠樽掩埋場，而中游橋旁竟見捕龜籠；下游橋邊草叢還見懷疑龜糧！Ray 指出：「常用於捕獵淡水龜的籠有 3 種，多置於溪中，因為是淡水龜主要出沒處。聯同社區力量監察、清理，可保育淡水生境，協助打擊非法捕獵，維持淡水龜的健康種群。」

人工繁殖生小龜

香港的眼斑水龜群落，極可能是華南地區其中一個僅餘種群，情況勢危。故除了打擊非法捕獵，香港海洋公園保育基金也與海洋公園和香港兩棲及爬蟲協會合作，並獲香港嶺南大學宋亦希博士及其團隊聯合在海洋公園開展眼斑水龜人工繁殖計劃，透過模擬牠們的棲息環境，促進其繁殖。喜見已成功繁殖數隻眼斑小水龜！長遠而言，當香港有健康野生眼斑水龜族群後，更可把淡水龜送到周邊地區，助其他地方作野放、追蹤等復育工作。

之前月圓之夜，相約了 Michael 登山，視察多處深藏於林間河溪的淡水龜生境。香港郊野河溪的淡水龜就如「忍者」，所謂「忍」即「隱」，藏於山間野外，又是大自然河溪生境中的武士。樂見香港海洋公園保育基金、學界及行山人士等，同行加強保育本地原生淡水龜。

原文刊登於 2023 年 11 月 22 日明報副刊《星星之伙》專欄

護馬蹄蟹「鱟計」
有人也無人

　　鱟（粵音「后」）又名馬蹄蟹，在香港出沒的中國鱟，已被世界自然保育聯盟瀕危物種紅色名錄列為「瀕危」，而另一品種圓尾鱟則被列為「數據缺乏」。鱟活在地球超過 4 億年，比恐龍更遠古，其形態數億年來沒有大變，故有「活化石」之稱，並曾遍佈香港沿岸，但自 1980 年代於多區消失，現今年幼馬蹄蟹仍在元朗后海灣和大嶼山水口等泥灘出沒。

「鱟計」有計

　　自 2014 年，香港海洋公園保育基金開展了馬蹄蟹普查計劃，旨在調查年幼馬蹄蟹的分佈、數量以及相關趨勢變化，以更了解這香港原居民的生活狀況。馬蹄蟹自幼會先在潮間帶的泥灘和沙灘生

活，約 10 年後長大出海繁殖，但年幼馬蹄蟹隱居沙泥中，是否數據收集不易？其實馬蹄蟹有尾劍，潮退時灘上爬行，沙泥面會記下獨特三軌鱟蹤，有迹可尋。今夏，我與香港海洋公園保育基金同事、義工、香港中文大學機械及自動化工程系陳本美教授和其科研團隊等，相約走到后海灣泥灘，一行數十人，帶來無人機，抓住退潮時機，作與別不同的馬蹄蟹普查和研討，希望跨界別伙伴同行集思獻計，為「鱟計」提速提效。

「鱟計」有人

當天退潮時，炎夏烈日正當空。香港海洋公園保育基金同事和義工分組，要在浩大無蔭的泥灘上追趕潮退時間做普查。我參與其中，汗流浹背，忍不住在潮間帶上問香港海洋公園保育基金普查女隊長夏嘉儀「辛苦嗎？」，但樂見一班有心人貢獻「鱟計」。是次活動以馬蹄蟹專家 Kevin Laurie 在白泥的住所為基地，隔天更適逢他 70 歲生日！ Kevin 退休後選擇留港，因鍾情馬蹄蟹研究，遷居泥灘邊，常與鱟為伴。是次普查研討，Kevin 熱心地分享了后海灣馬蹄蟹及泥灘的近況和數據，包括他的在地最新發現，並解答了陳本美教授及其科研團隊關於「無人系統技術助鱟計」的創意提問。

無人「鱟計」

陳教授自幼居海邊，對海有情，那天踏足泥灘，雀躍非常，領導其科研團隊參與有別於平常的年幼馬蹄蟹普查，因為這是首次將無人系統科研技術應用於相關普查。相較傳統普查，科技輔助的馬蹄蟹種群普查可大大提升統計效率和準確度，同時大減地理環境限制，可擴大調查範圍。雖然在外地如美國、新加坡等，已有應用無

在后海灣與陳本美教授（左圖左）和 Kevin Laurie（左圖右）以無人系統試尋鱟蹤（右圖）

人系統作檢測，但在沒有 GPS 信號和地圖的情況下，能實現無人系統自主檢測的團隊寥寥無幾，而陳教授的香港團隊成為其中一支能達到這一目標的先行者。此次將技術活用於馬蹄蟹保育工作，可謂香港生態保育工作的重要突破，他亦有感而發：「沒想到我們研究的無人系統技術竟可用到保育上！」

在香港，對於馬蹄蟹保育工作來說，結合無人機系統和人工智能技術的應用，開啟了新篇章。我樂見香港海洋公園保育基金聯同海洋公園將開展人工繁殖計劃，以復育馬蹄蟹在野外的數量為目標。向前看，北部都會區和可持續大嶼的藍圖兩者都覆蓋馬蹄蟹在香港的最重要棲息地，真希望能好好地保育馬蹄蟹和相關海岸生境，實現「城市與鄉郊結合、發展與保育並存」的獨特都會景觀。

原文刊登於 2023 年 12 月 20 日
明報副刊《星星之伙》專欄

截塑減少即棄塑膠的「海團」

廢膠物品不時漂進海，影響海洋生態，更可進入食物鏈繼而威脅人類健康，全球高度關注。尤其即棄塑膠氾濫，要逆轉污染便要扭轉壞習慣，齊齊截塑（Cut the Plastics），在源頭減廢可截則截，其次再分類回收。曾參加漁護署為中學生舉辦的中華白海豚海上考察團，跟元朗信義中學師生一同出海，讓大家也了解海漂廢塑的問題。

學生撐截塑

多年來這系列考察團由香港海洋公園保育基金承辦，今學年由社區教育同事霍家樂 John 策劃及導賞，聞說自 2023 年 10 月，次次「海團」也看到海豚。當日出海天公作美，看到港珠澳大橋、機

場島等景色，可惜未見豚蹤前先見到海漂廢塑，大煞風景。這些污染來自多種即棄塑膠用品，如各種各樣發泡膠餐具、膠飲管、膠袋、膠樽……同學眼見這幕廢塑海景，聽取保育基金導師解說後，都為人類壞習慣感愧疚，承諾截塑，以逆轉污染情況，例如以身作則 BYOB（如自攜餐具、水樽、購物袋），亦鼓勵親友截塑、減廢和回收，為 2024 年 4 月 22 日世界地球日起的分階段截塑新政策做好準備。

導師先截塑

香港海洋公園保育基金鯨豚擱淺行動組成員兼「海團」講解導師賴靈曦 Odelia，高舉解剖相片說：「解剖擱淺海豚時，曾見牠們胃裏滿滿廢塑！」這些體會令她和同事深感截塑的重要，並成為「走飲管」等截塑好習慣的先行者。香港海洋公園保育基金除了舉辦淨灘、海上導賞等「海團」以提高大眾截塑意識，早在 2017 年已起動截膠飲管運動，與食肆、學校和公司合辦無飲管日，也樂見餐廳參與不主動提供飲管行動。John 續說：「政府也加強海洋保育，2012 年開始禁止拖網捕魚，近年浪接浪成立更多保護區，2024 年將添第 8 個海岸公園，限制捕魚活動，以保護中華白海豚的重要棲息地。」我擔任環境局局長時，在 2020 年曾劃定了大嶼山西南海岸公園。

老師也截塑

船隻駛至大澳對出西南海域，大嶼山西南海岸公園內「香港西極」黃花排旁。據說，這一帶盛產黃花魚，海礁石排因而得名，而黃花魚正是中華白海豚所愛美食，以前拖網捕魚船出海時，海豚會追逐船尾浪花翻起的魚兒，近船易得食。元朗信義中學鄧副校長聽

後有感而發:「禁拖後,海豚要更自食其力,但禁拖着實幫助保育海洋環境,包括海豚生境的可持續性,你我牠才可『年年有魚』。」她提醒同行師生扭轉習慣,減少午餐外賣,一齊截塑減廢。此時突然傳來不住「嘩」聲,原來黃花排海面,中華白海豚聯袂暢泳,不時躍上水面呼吸,全船師生也雀躍。可能海豚也開心聽到船上師生截塑之聲?

之後我跟學校溝通,見同學各自用心寫尋豚記,紛紛力撐截塑減廢。源頭避免即棄塑膠當然最好,而在回收方面,綠在區區「6仔」現時也回收6大類廢膠:飲品/個人護理用品膠樽、乾淨膠袋、膠餐具/容器、包裝膠物料、光碟、發泡膠(如水果網、發泡膠箱、發泡膠防撞物料)。截塑減廢兼回收保育大自然,亦保護大家。

原文刊登於 2024 年 2 月 28 日
明報副刊《星星之伙》專欄

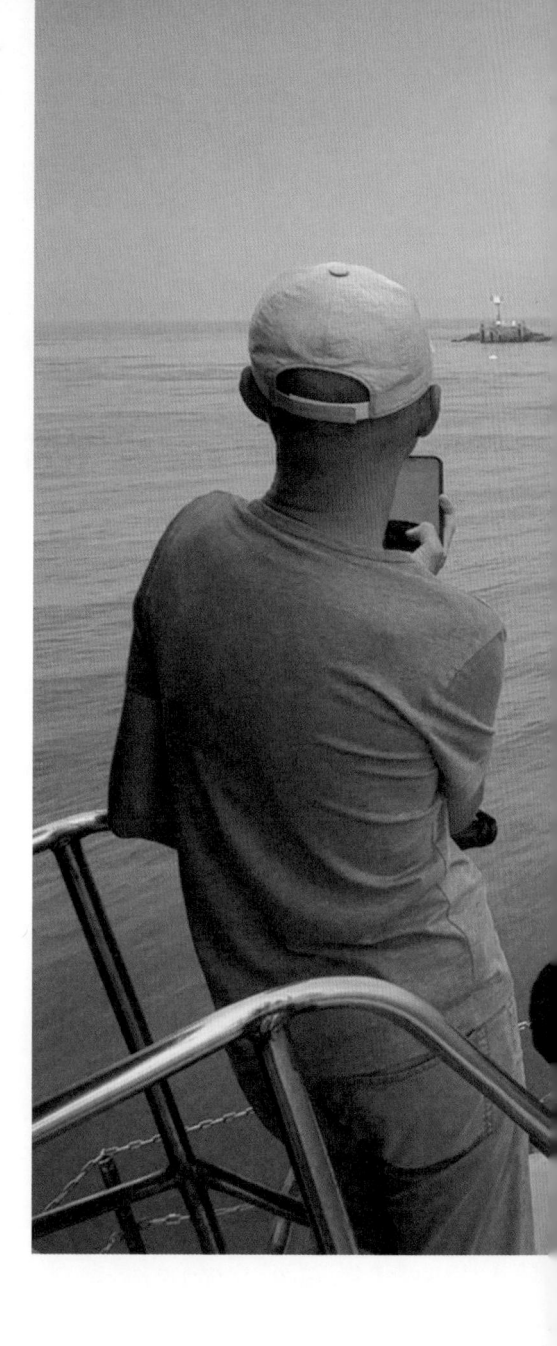

2024 年初在為中學生舉辦的中華白海豚海上考察團推廣低碳減廢兼避免即棄塑膠

斯里蘭卡探蛙後的 USSP 青年

香港海洋公園保育基金舉辦的野外生態保育大學生贊助計劃 (University Student Sponsorship Programme, USSP)，自 2005 年起每年支持多名大學生自選心儀專題，分小隊到境外跟合作伙伴的專家研學不同生態，對青年啟發良多，至今已資助逾 400 名本地大學生前赴亞洲區內超過 15 個國家及地區，參與多達 170 項野外考察工作。兩棲及爬行類動物學者宋亦希博士和被稱為「珊瑚媽媽」的崔佩怡博士 Apple 都曾是計劃受惠者。

跟島國蛙專家研究

2024 年，香港科技大學學生凌桐 Tony 和敖穎斐 Winfield 參與了 USSP，剛從斯里蘭卡回港，我相約他倆行山交流。原來，

他們的小隊與人稱「樹蛙之父」的教授和當地研究人員，同登了斯里蘭卡四高峰之一的亞當峰，以聲學探測及辨認不同物種。山中三日，已分辨了逾廿種蛙類。斯里蘭卡蛙類多樣，數以百計，相比之下，香港只有 24 種。是次考察，同學們看得多而且看得更深，體驗獨特亦多樣。Winfield 舉例：「有次在野外近攝一種樹蛙時，發現這品種受驚時會綠變黃，警告生人勿近！」他倆又發現到另一品種的蛙被取樣作研究、暫離野外時，本性哇哇大叫也頓變無聲，弄牠餵牠仍是「蛙蛙無聲」。

USSP 斯里蘭卡保育小隊 Winfield、Tony 和 Millian（左起）
隨當地研究人員登濕度甚高的亞當峰探蛙

消失中的蛙之家

「原來斯里蘭卡不少蛙類居於高山，高地天氣寒冷且潮濕非常。」Tony 興奮地說，這顛覆了他對蛙類的既有認知，以為牠們常居熱帶雨林；而當地的潮濕程度，比起香港回南天更勁，早上葉面水氣厚得可讓樹蛙在此產卵。然而，全球暖化正威脅這些蛙類，將牠們「逼上涼山」，其棲息地被推向面積愈來愈小、較寒冷的近山頂帶。他倆異口同聲：「如果溫度持續上升，相信很多斯里蘭卡的獨有品種都會滅絕！」若生態上邁向「蛙蛙無聲」的臨界點，人類可獨善其身？

視環境為家

這旅程不但啟發他們對生態的探究，而且讓他們領略當地人與自然共生的日常生活，從而反思自身生活態度。他倆醒悟要將環境視之為家，保育環境，低碳樂活。這亦令我回想起早幾年在斯里蘭卡的體驗，我遊歷處於亞當峰東鄰的霍頓平原國家公園，此高原本是水鹿等野生動物的狩獵場，幾十年前終於成為保護區，但遊人衍生新問題如廢塑污染，曾有水鹿因誤食垃圾而堵塞食道死亡。此國家公園已禁止遊人攜帶膠袋、即棄水樽之類的物品，我當時入園也經過搜身。近年，我在不同地方遠足，都致力 BYOB 自己水壺自己帶。

當日在港行山，山林中濕度極高，Tony 的眼鏡都被水氣模糊，令他們懷念斯里蘭卡高濕度環境中的探蛙日子。他倆本以為 USSP 只是一個 10 日的生態之旅，竟想不到扭轉了他們自身的生活態度。「星星之伙」旨在連結不同伙伴，心繫環保，令保育環境之火生生不息，提速感染更多人同行低碳環保轉型。

原文刊登於 2024 年 4 月 3 日明報副刊《星星之伙》專欄

大學生參與香港海洋公園保育基金 USSP 的斯里蘭卡生態考察後領悟了低碳環保生活

追尋山野課室夢想的小學師生

近兩年，我除了應邀擔任香港海洋公園保育基金的保育大使，合力向社群推廣保育外，亦不時收到來自社會各方與環保相關的各式邀請。其中之一，來自一位熱心的小學副校長吳金曉老師。吳老師因獲第四屆香港教師夢想基金資助及嘉許，而展開追夢之路，項目名為「山野『生』蹤」。在他的計劃中，會以一位老師、爸爸的角色，每學年帶領約 20 位來自基層的小五、小六學生體驗約十條特色郊野路線，在大自然教室和學生共同經歷、學習。最後，會出版一本專為學生、老師和家長而寫的書，希望推而廣之。

基層同行

吳老師回想 2022 年 12 月 24 日的冒昧一問：「因應計劃中的

行程安排，向前環境局局長發出短訊，邀請參與他們在沙頭角荔枝窩和梅子林一帶的遠足活動，為師生打氣。他不但正面回應，更用心安排了一次山旮旯客家古村的深度遊。」其實收吳老師短訊當天，我正好在沙頭角梅子林故事館出席活動，而「山野『生』蹤」的構思，令我憶起小學六年級時，母校安排一班基層同學遠赴大澳深度遊的難忘經歷。對於來自基

吳金曉老師每學年帶領約 20 位來自基層的小學生經歷特色遠足和體驗大自然教室

層家庭的我，非常感謝小學母校給予我深刻體驗鄉郊野外的難得機遇，若有機會我自然樂意回饋，更希望啟發更多年輕人鍾愛鄉郊自然，投入環保蹤跡的行列。

山野教室

吳老師深信，香港有着世界級美麗山野，處處都是學習寶庫，可成為學習生態、環境和文化保育的重要一環。而親歷其境的體驗式學習，更有助學生建立對環境保育和科學素養的正向態度。同時，走出校園到山野學習，也是一種挑戰和冒險，讓學生從小持續接觸山野更是可貴，這些不一樣的經歷有助他們建立起自信和勇氣，培養克服困難、迎接挑戰的性格。總括來說，「山野『生』蹤」可創造多元的學習良機，有利學生健康成長。吳老師補充：「我相信一個熱愛山野的人，必定也會是大自然的守護者。」

山野同行

於 2023 年農曆年廿八的深度遊小學生在沙頭角梅子林與曾玉安村長開心採摘楊桃

2023 年年中教育局主辦了分享會將「山野『生』蹤」經歷予全港教育界人士參考

吳老師了解個人力量的局限，若能聯繫志同道合的一伙人為下一代而努力，可合力編織出一幅美麗而動人的畫面。過去兩年，吳老師積極嘗試尋找支持者及同行者，希望一起推動山野教育。我樂見吳老師的「山野『生』蹤」活動兩年來得到各方樂助，來自校長、前校長、學校同工、教育局同事、家長以及校外人士等的配合，助力將各具挑戰的行程順利完成，當中部分家長同行，又是很好的親子教育。2023 年初，適逢農曆年廿八，我幫手安排了荔枝窩、梅子林、谷埔至鹿頸的客家古村深度遊，多謝梅子林村長曾玉安和沙頭角文化生態協會主席李以強的鼎力支持，讓小學生們經歷了與別不同的山旮旯鄉郊文化生態之旅。曾村長帶同學在梅子林採摘高掛樹上的楊桃，「星星之果」從天而降，學生們笑逐顏開，紛紛接「星」帶回家，與親人一邊品嚐樹上熟果，一邊分享山野鄉間所學。

山野無痕

自「山野『生』蹤」計劃開展後，吳老師和學生每年都會經歷十次精彩奇妙的旅程，包括挑戰本地高山、仰視燦爛星河、追尋北斗星蹤，遠足或許令人足腿疲憊，但心中充滿喜悅和成就感，更重要的是讓同學們對大自然產生更深刻的認識和尊重，學習如何與自然為伍。2024年初，吳老師和學生們又約我同行遠足，又是農曆年廿八，今次主題是山野大掃除，為郊野公園清徑，沿途清理及盤點垃圾，推廣「山野不留痕」的珍愛自然態度。抵終點時，大伙兒盤點垃圾類別，發現各類即棄塑膠物品屬最多。我呼籲大家日常加強「走塑」，減廢減碳。

一伙人興致勃勃清徑後，臨別時，有小六同學依依不捨，竟然話說傷心，因憂心升中後不再享有「山野『生』蹤」的學習機會。面對全球氣候變化，在小學和中學推行多元、互動及高效的戶外教育法以實踐環境教育越見重要，可助力推廣愛護大自然的心和推動公眾保護環境的行動，支持香港邁向碳中和之旅。

2024 年農曆年廿八「山野『生』蹤」的師生又約我同行遠足而主題是山野大掃除

2023 年初適逢農曆年廿八我支持了「山野『生』蹤」的小學生深度遊荔枝窩一帶

邁向 碳中和
香港 人和事

4.10

低碳生活合家歡

女兒自小伴隨我與家人合力投入簡約樂活包括低碳衣食住行

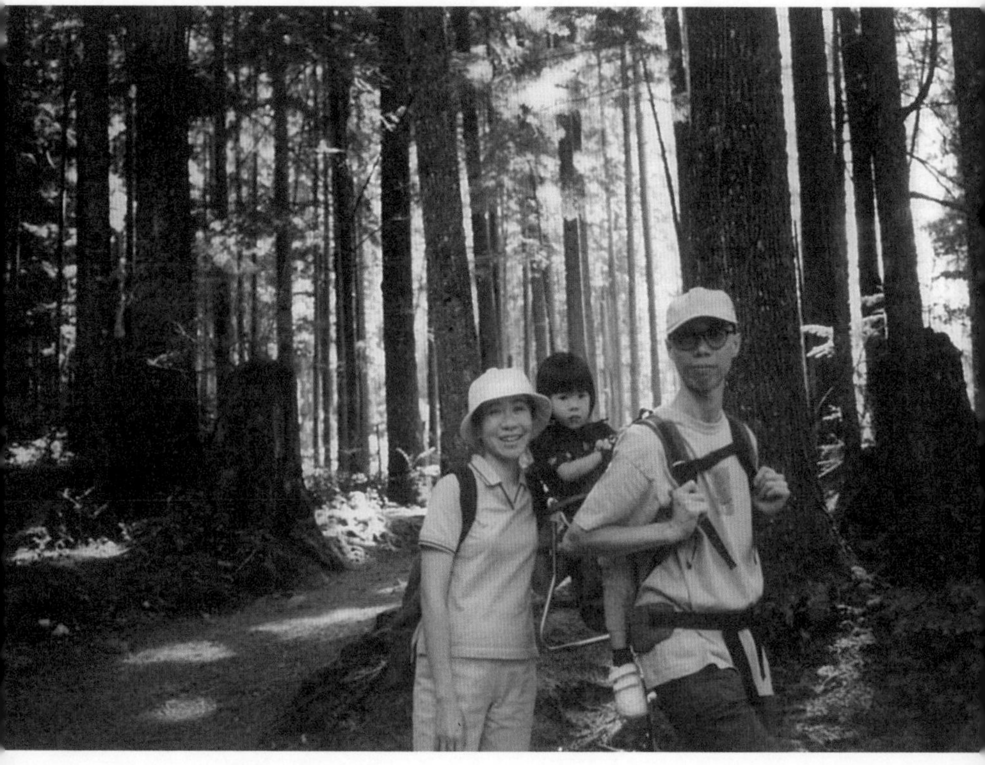

在我擔任環境局局長的首任期中，有感推動大眾實踐低碳生活是氣候行動中的重要一環，於 2018 年 4 月 20 日世界地球日前夕，透過環境局正式推出了結合本地情況的香港政府部門第一版「低碳生活計算機」，旨在幫助普羅市民評估各自在 衣、食、住、行四方面所產生的碳排放量。故此，合家歡的「合」除了指與不同界別於不同範疇，透過我的 A/B/C 斜槓族工作以合作推展環保和氣候行動等，更指家人與我合力投入日常低碳衣食住行，身體力行低碳樂活的生活態度。

衣

我的日常衣著，相對簡約。擔任環境局局長時，亦要求部門同事舉辦活動時，應盡量避免因短暫宣傳活動而製造大量紀念 Tee 恤，若真的要製作宣傳活動 Tee 恤，請務必好好設計，具質素的設計可令更多使用者樂意多著，並可繼續發揮宣傳之效，體現善用資源，達致一舉多得。說回家人，太太和女兒與我同住了逾廿年，大家都養成了「有衣食」的簡約生活習慣，衣物不求多，但要求具質素，並且有需要才購買，不會過分追逐潮流。

家人都養成了「有衣食」包括支持衣物重用的簡約生活習慣

食

　　自少，家母就教導「粒粒皆辛苦」的惜食道理。而我女兒，亦一直與我和太太同住同吃，耳濡目染下，大嘥鬼自 2013 年起的宣傳口號如「食得晒至好煮，食得晒至好嗌，食唔晒都咪嘥」等等，其實一早已是我家日常飲食習慣，在家在外吃飯都奉行，並力避即棄餐具。近年，因所住社區開始了廚餘回收，善用智能廚餘回收機，一直保持屋苑環境整潔，每晚廚餘收集後會直送 O‧PARK 中央處理，轉廢為能，因而家人都投入了將餐前餐後廚餘分類回收的日常動作，不僅習慣成自然，並且開心可進一步幫助香港減廢又減碳。

傳統客家菜如「酊鑊邊」就地取材亦是我家低碳飲食的方向

邁向 碳中和
香港 人和事

住

在香港，面對越來越酷熱及漫長的夏季日子，如何保持身心清爽是挑戰。我深知電力是香港本地最大的碳排放源，必須要養成日常知慳惜電的生活習慣。除了在有需要時，懂得選購高能源效益的家庭電器，慎用空調更是重中之重，因為在香港，各家各戶中因使用冷氣機產生的耗電量可大可小，同時各自使用的冷氣機散熱亦會惡化熱島效應，陷入惡性循環。自女兒少時，家中已經立下使用冷氣機的規矩，一般只在睡覺時遇上「熱夜」，才會考慮當晚在各自睡房使用空調。照香港天文台的定義，「熱夜」當天最低溫度需達28°C 或以上。還有，當每月收取電子版電費單時，我會與家人共享資訊，特別留意用電度數而非電費，例如相較城中住宅客戶人均每日近六度的用電量，我家的耗電大致徘徊於人均每日一度（非夏日）至兩度（炎夏月份）。

行

香港的電動私家車，於去年新登記私家車中已佔約三分之二。當然，日常出行，善用本地公共交通工具更低碳環保。再者我和家人又喜歡健行，有云日行萬步身體好！閒時，家人和我多鍾意低碳本地遊，秋冬登山嶺，夏宜遊海岸。亦曾舉家住「荔枝窩客家生活體驗村」度假，三日兩夜，進一步

家人日常惜食亦於近年養成善用 6 仔智能廚餘回收機的習慣

感受山旮旯地方的日與夜，細味荔枝窩及鄰近村落的自然風物、農家風味以及人情味，同時支持復育偏遠鄉郊的新氣象。

　　在邁向碳中和的路上，絕對不要小看個人低碳轉型的努力。我鼓勵大家使用「低碳生活計算機」，只需於專屬網址回答十餘條簡單選擇題，便可計算得出各自於上年日常生活的碳足印，例如，個人在衣食住行生活上一年間合共所排放的二氧化碳當量，可以低至約 2 至 3 公噸，總評級會屬「慳神」般的 A 級；若在 4.5 公噸左右，則屬 B 級；但若高至 6 公噸甚至更多，就屬近乎「大嘥鬼」般的 C 級或以上。「低碳生活計算機」會向用家提供低碳生活小貼士，建議大家如何扭轉習慣，包括轉向更節能節水、綠色出行及「有衣食」等的簡約生活態度，合力知而後行齊減碳。究竟我和家人日常生活的人均碳足印屬哪個級別？面對全球氣候變化的危機，家人和我當然投入「慳神」的行列，不做「大嘥鬼」。其實更重要的是，有更多人去扭轉壞習慣，轉向低碳樂活好習慣，如此，則人生可更清爽，身心可更健康。

在邁向碳中和的路上，大家低碳衣食住行可令人生更清爽健康

香港各郊野公園以至復育中的鄉郊宜多多珍惜及體驗

邁向 碳中和
香港 人和事

低碳本地行時會善用任內成功爭取的郊野公園加水站

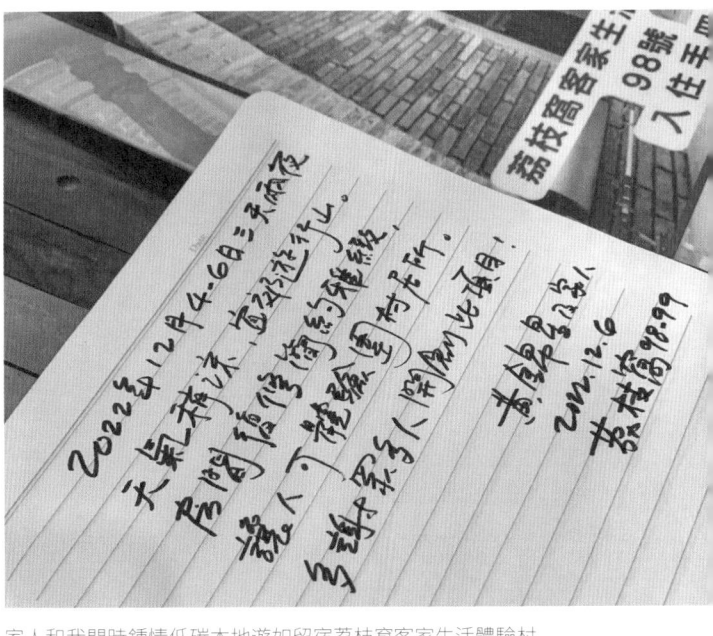

家人和我閒時鍾情低碳本地遊如留宿荔枝窩客家生活體驗村

兩代氣候倡議者
縱論碳中和

鍾芯豫
碳中和及可持續發展委員會青年及
公眾教育副召集人

　　我與前環境局局長黃錦星先生相識於 2015 年，場景是一個思考如何加快香港達致碳中和的創業比賽。我是參賽者，時任環境局局長黃錦星為比賽評判之一。我們隊伍的創意點子在比賽中幸運奪冠。本來沒有將想法付諸實施的念頭，豈料局長在比賽後對我們的點子「念念不忘」，多番鼓勵我們嘗試實踐。就這樣，一個社會企業誕生了，雛形正是黃錦星鍾愛的碳中和行動之一：「低碳本地遊」。歷經九年，我們轉型為「V'air 可持續發展教育」，以自然體驗為切入點，多角度推廣氣候行動和聯合國可持續發展目標。自此，我的人生大大改寫。沒有局長當年的鼓勵，不會成就今天全力投身氣候行動的我。這次「星星局長」出書，相約做這篇跨代碳中和訪談，當然義不容辭。怎麼看碳中和這個命題，作為氣候倡議青年，我和前局長的觀點有契合之處，但也不盡相同。過去幾年，我不時尋根究底，甚至斗膽「challenge」前局長的意見。以下的十問十答，追本溯源局長「官腔」背後各項環境政策規劃的思路，嘗試譜出兩代人共建碳中和未來之協奏曲。

第一問：在十年的環境局局長任期內，您曾推出多項政策藍圖：從 2013 年的《香港清新空氣藍圖》和《香港資源循環藍圖 2013-2022》，到 2014 年《香港廚餘及園林廢物計劃 2014-2022》、2015 年《香港都市節能藍圖 2015~2025+》、2016 年《香港生物多樣性策略及行動計畫 2016-2021》、2017 年《香港氣候行動藍圖 2030+》，再到 2021 年 10 月發布《香港氣候行動藍圖 2050》，訂下「淨零發電」、「節能綠建」、「綠色運輸」和「全民減廢」四大減碳策略，並提出中期減碳目標：在 2035 年前把香港的碳排放量從 2005 年的水平減半，最終力爭在 2050 年前達致碳中和。您認為香港實現碳中和的關鍵是什麼？對香港如期完成這個目標有多大信心？在邁向碳中和的過程中，香港面對什麼挑戰？作為局長，怎樣應對利益相關方的壓力？最後，您會如何比較香港、內地城市和其他「亞洲小龍」在減碳方面的表現？

答：你的「一問」很長，先回答「信心」和「關鍵」。2050 年前香港能否達到碳中和，取決於未來多年社會的持續氣候行動。在邁向這個遠大目標的路途上，關鍵在於政府、業界和市民願意付出怎樣的努力。正如此書《邁向碳中和 香港人和事》，特別強調「一伙人」同心合力的精神。我個人感悲觀中尚有樂觀的一面，感悲觀因見近年極端天氣頻仍的警號以及未來全球升溫軌跡的不同預測情景，來勢洶洶；尚且樂觀，是有感大眾較前更為關注氣候變化議題。2023 年香港經歷了極端天氣明顯惡化，其速度之快、影響之廣，足以讓政府、業界和市民覺醒。香港社會繼續前行深度減碳的關鍵，在於大家知而後行，官、商、民如能同心合力加緊各方面的氣候行動，就有機

會及時達標。

當然，邁向碳中和的路上，充滿種種挑戰。我在任內提出香港應按自身環境，針對四大範疇重點減碳：發電、建築、交通、廢物。在《香港氣候行動藍圖 2050》內，政府整合了圍繞這些範疇的六大挑戰，可以用英文縮寫「CATTLE」（中文意思為牛）來記住，方便大家理解這些挑戰並共同應對。這六個英文字母代表：Cost of decarbonization（減碳有價）、all to participate（全民參與）、talent demand（人才需求）、technology & innovation（科技創新）、local constraints（本地限制）和 extreme weather（極端天氣）。以發電為例，面對電力轉型至零碳能源帶來的短暫或長期電費壓力，須知減碳有價，同時我們需要考慮市民的可承受程度。並且，在本港因高密度環境和極端天氣加劇而頻現的熱浪下，如何教育大眾節省電力，更是充滿挑戰。而在此轉型過程中，善用環境專業人才、研發節能科技，可助市民減輕經濟負擔。可見挑戰當中同時存在機遇，為香港提供發展綠色金融和環保科技等等的動能。

說到平衡不同持份者的利益和化解箇中的壓力，我想先引用 2013-2014 年綠色運輸轉型的例子。當時社會要求改善空氣質素以進一步保障市民健康的壓力很大，新一屆政府決心大規模強制淘汰老舊柴油商業車輛，加速高污染運輸行業的綠色轉型，但阻力非常大，因為不少基層市民靠著「單頭車」維持生計。在制訂此全新政策的過程中，我們曾邀請較基層的「單頭車」運輸從業員到政府總部開會詳談，尤記得一位當年在油麻地「果欄」駕駛貨車的女士，甫見面就聲淚俱下，訴苦指雖然政府建議有特惠

資助，但她已經一把年紀，那筆錢不足以支持她更換新車，只能提早退休。特惠資助機制使用的是公帑，需慎之又慎，我們於是曉之以理兼動之以情，除了向她和一眾與會者重申這一政策的實施可帶來改善空氣質素等等的整體社會裨益，還表示或可考慮增設機制，如車主選擇在強制退役期限前拆毀車輛，可因應車齡獲得較高的特惠資助，以提供額外推動力，或會鼓勵部分年紀較大的從業員主動選擇提早淘汰舊車，營造多贏局面。就著淘汰歐盟四期以前柴油商業車輛這個政策，涉及約 80,000 輛車之多，我和同事們花了約一年時間與不同持份者溝通，盡力兼容環保並關顧基層，情理兼備地建立此新政框架。萬事起頭難，從 0 至 1，甚艱難。之後，到 2020 年推出的淘汰歐盟四期柴油商業車輛，就如同從 1 到 2、2 到 N，政策制定過程相對易行了。

又例如減廢減碳方面，涉及不同持份者，包括市民大眾的某些生活模式或需調整，相關從業員如何與時並進配合所需，關乎移風易俗成效。以乾淨回收為例，近年政府致力重塑香港的社區回收網絡「綠在區區」，簡稱「6仔」，轉型過程中富有創意地將乾淨簡約形象及空間的設計、一站式收集多類回收物的服務、回收積分的誘因等結合在一起，吸引了越來越多的市民養成乾淨回收的好習慣、新風尚。但起步時，各利益相關方的阻力其實不少，包括如何令出租方樂意將店鋪租予回收點、又或是原本社區回收網絡從業者不理解回收點的顛覆性「文青型」設計等等。當時，我力撐同事聯同設計師的大膽創新，而首批「6仔」陸續啟用後，各利益相關方第一反應均屬正面，甚至見曾激烈反對的社區回收網絡從業者主動化身為積極

的「6 仔」推銷員。

　　至於與其他城市的比較，首先以訂立碳中和目標為例，香港以 2050 年前達到碳中和為目標，比起鄰近城市已是更為進取。另外，人均碳排放量是衡量減碳表現的相對客觀指標。在我任內，香港人均排放量在 2014 年達到 6.2 噸的峰值，近年已減到約 4.5 噸，比不少亞洲和內地大城市相對進步。比如說，新加坡尚未碳達峰，人均排放量超過 8 噸。而在交通運輸方面，香港的公共交通有特別優勢，香港人均公交出行率屬全球首屈一指，助力環保減碳。當然香港也有地方需要合力改進，尤其廢物管理範疇，在這方面，香港相比亞洲最先進城市的一些減廢關鍵政策落後幾十年，要努力去追。向前看，重點是各個城市需著眼於如何及早邁向碳中和，環視全球的極端天氣趨勢，我覺得到本世紀中葉才實現碳中和還是遲的，我們應力爭更早達致碳中和。

　　補記：「星星局長」說他不時被問到，在環保方面，如何將香港與內地或其他亞洲城市進行比較？記得學生時代的我，也經常比較香港與其他城市的表現。到 2019 年透過青年委員自薦計劃進入了政府的可持續發展委員會，才慢慢明白體制的「頑固」，難以一夜間迎來翻天覆地的改變。尤其是牽涉多個政策部門的環境政策，會面對更多阻力。甚至環境保育，在香港這個國際金融中心一直未能晉身為最先考慮（topmost priorities）事務之一。我對前局長所言的挑戰有了一番切身體會。但看到各種融合科技和青年力量，自上而下、由下及上的創新點子，我對香港闖出一條綠色新路仍具信心。

我亦追問了有關範疇三[1]的碳排放問題，這指的是香港進口的產品、以及貨物在跨境航空和船運活動過程中產生的供應鏈碳排放，這些碳排放往往被忽略。香港本身需要大量進口食物和其他貨品，它們的生產線大多不在香港境內，好像是「外判」了一大部分的碳排放。現在私人公司需要確定科學基準認證的碳中和數量（science-based target, SBTi），也要制定減少生產鏈範疇三碳排放的目標。那麼為何城市似乎只關心境內碳排放？

黃錦星表示在他任內，政府自 2014 年聯同香港交易所等推動香港上市公司加強低碳管理，並且一步步加強相關要求及擴大範疇，希望就應對全球氣候變化作出更大貢獻。另外，自 2018 年世界地球日前夕推出低碳生活計算機，幫助市民評估過去一年在衣、食、住、行四方面所產生的個人碳排放量，包括境內外的碳排放，還會向用家提供低碳生活小貼士，並就如何透過改變行為習慣以加強減碳提出建議。

我認為所謂範疇三的討論，目的是讓碳中和走得快的地區進一步施壓或提供資源予前端的生產者減碳，也可以是加快整體地球碳中和的舉動。例如最近歐盟落實了 CBAM（Carbon Border Adjustment Mechanism，即所謂的歐盟「碳關稅」第一槍，2023 年開始生效、2026 年正式實施的「碳邊境調整機制」），所有出口到歐盟國家的工廠必

1　範疇三：國際溫室氣體盤查涵蓋範疇可分為直接排放（範疇一）、能源間接排放（範疇二）以及其他間接排放（範疇三）三類。而範疇三的例子，包括貨品等在跨境航運活動過程中產生的供應鏈碳排放。

須按貨品的碳含量繳付稅款，這成功地為歐盟以外的供應
商提供了加快研發低碳、低污染生產模式的誘因。

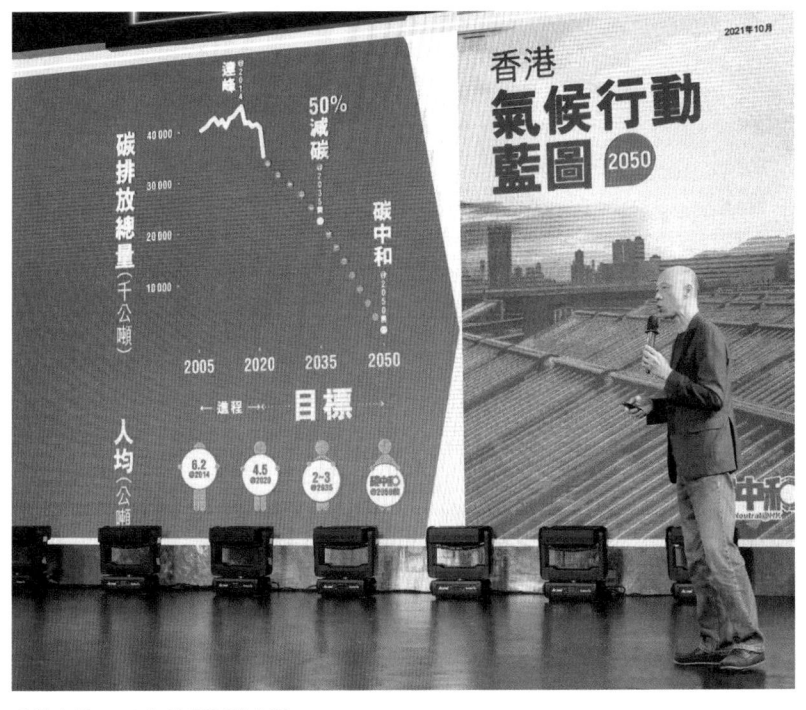

香港力爭 2050 年前實現碳中和

　　第二問：我注意到政策藍圖的標題從較貼地的空氣
質素，到相對抽象的氣候變化。是否以往整體社會對氣候
變化的關注較低？不同的政策藍圖又是怎樣推進的？

　　　　答：你的觀察很貼切。2012 年上任初期，我的首要
任務是處理積壓多年的本地環境挑戰。任期頭兩年，先聚
焦提升空氣質素、減廢回收，以及化解鄉郊爭議如大浪西

灣「不包括土地」[2] 等範疇之中的部分積壓已久挑戰。當年世界各地包括香港對氣候變化的關注度尚未那麼高。或許從政，就是要為政策推動抓緊不同時空的機遇。

2015 年，巴黎聯合國氣候變化大會（第 21 次締約國會議，COP21) 舉行的前後是重要的轉捩點。當時作為環境局局長的我，當然抓緊這個機會，包括及早在政府內部籌謀一系列部署。例如，有鑑於節能慳電和應對氣候變化的關係密切，2015 年 5 月我們率先發表了《香港都市節能藍圖 2015~2025+》。這是香港首份都市節能藍圖，主動為香港定下新目標，於 2025 年將能源強度減少四成，相比亞太經合組織成員所訂目標更為進取，有助香港提升空氣質素以及減碳。往巴黎開會前，2015 年 11 月我們亦推出了《香港氣候變化報告 2015》，盤點香港政府和私營機構主要持份者在應對氣候變化上的工作，並詳列香港減碳及適應氣候變化等等的措施。

2015 年 12 月中，國際社會終於見證聯合國氣候變化大會通過氣候協議《巴黎協定》。從巴黎回港後，我重點推展政府跨部門高層次及更全面的氣候行動，推動成立了由政務司司長統領的氣候變化督導委員會，成員包括 10 個決策局和 3 個部門，以扭轉過去傾向於政府部分部門中層討論氣候行動的框框。2016 年初，此氣候變化督導委

---

2 「不包括土地」是指被《郊野公園條例》（第 208 章）所指定的郊野公園所包圍或在其毗鄰，但本身不納入該等郊野公園範圍內的土地。政府依據批地契約的條款及條件、《建築物條例》（第 123 章），以及《城市規劃條例》（第 131 章）所訂的發展審批地區圖或分區計劃大綱圖（如有），管制在郊野公園「不包括土地」上的私人土地的發展。

員會召開了第一次會議，並於 2017 年 1 月推出《香港氣候行動藍圖 2030+》，加強本地在適應 (Adaptation)、應變 (Resilience) 和減緩 (Mitigation) 方面的氣候行動，亦奠下往後香港氣候行動的政策基礎。與此同時，把握這一契機，2017 年 4 月分別與兩家電力公司簽訂管制計劃協議，於多方面緊密配合香港氣候行動的長遠目標。

以往，為環境保護以至氣候行動範疇制訂政策藍圖的概念，未成氣候。2012 年 9 月，陸恭蕙女士加入環境局，擔任副局長，我倆開始推動政府跨部門聯手制訂「藍圖」以應對日益複雜的環境及氣候挑戰。「藍圖」這個概念，也關聯我的建築師專業背景，建築業界進行項目時，都會訂立藍圖，或稱為圖則，以確立一個共同的理念、框架和行動計劃，帶領整個設計與施工團隊的眾多人，眾志成城地為建築共同目標而努力。我回望，政策藍圖有助提升政府各相關部門對一系列重點工作範疇的理解以至重視度，能更系統地促進對政策的合力推動，同時可增加政府工作的透明度。就如你所描述，氣候行動相對複雜，各界需要有更透明、更清晰的理解，而氣候行動藍圖對加強政府內跨部門協作，以及凝聚業界和民間參與等，都可發揮積極作用。還有，如同《巴黎協定》要求各地的氣候工作五年一檢，我任內亦大致參考此週期更新各政策藍圖，舉例來說，2017 年 1 月推出《香港氣候行動藍圖 2030+》，2021 年 11 月更新為《香港氣候行動藍圖 2050》，並希望未來每屆五年一任的香港政府也把握這「五年一檢」的機遇，以深化環境及生態相關的不同政策，與時並進。

多謝碳中和先鋒

第三問：作為可持續發展委員會青年委員，我曾見證香港長遠減碳策略公眾參與過程。大部分市民贊成香港應制定長遠減碳目標，但在能源組合的轉化上意見分歧。如何看待公眾參與的結果？這結果又如何影響香港最終採納的碳中和目標？如何在價值觀上，通過「可持續發展教育」進一步凝聚社會共識？究竟市民在邁向碳中和過程中可扮演何種角色，以及民間團體的參與又如何？

答：如上述挑戰之一，邁向碳中和需要全民參與。早前，可持續發展委員會的長遠減碳策略公眾參與過程，本身亦是公眾教育過程。這由下而上的公眾參與，助力制訂香港的深度低碳轉型策略，過程結合公眾教育，放諸四海也是領先的做法。這個模式強調全民參與、與民共議，讓市民先加深理解，建立民意基礎，從而提升香港在全球減碳進程中的貢獻值。隨之的《行政長官 2020 年施政報告》指：「在香港，可持續發展委員會剛就長遠減碳策略向特區政府提交報告⋯⋯現宣布香港特別行政區將致力爭取於 2050 年前實現碳中和。」當中，我很高興有你們這些關心環境的青年人參與其中，你們提出了在公眾參與過程中新設青年論壇，以及後來建言以惠及中小學生減碳所設的可持續發展網上學習平台，都是很有建設性的想法，有助培育可持續發展的價值觀，以至凝聚支持氣候行動的社會共識。

至於當時如何處理對能源組合的不同公眾意見，公眾參與正是要凸顯若然存在的主要分歧，隨之在氣候行動藍圖中迎難而上並作出妥善安排。可持續發展委員會的公眾參與結果顯示，香港需要進一步思考區域合作，以及善用創新技術例如綠色氫能等。《香港氣候行動藍圖 2050》中提出的不少策略，都是基於參考了社會意見後而推展。

市民大眾又如何參與？讀者不妨思考如何加強節能省電、綠色出行、源頭減廢和乾淨回收等日常減碳行動。除了加強對普羅大眾的低碳生活教育，還需要不同行業的積極參與，其中一個重要持份者的例子是香港建築行業。當中，香港綠色建築議會在 2023 年 6 月推出了全港首份《建築環境氣候變化框架》，為建築業界提供定義、計算工

具和基準以實現減碳節能目標，推動行業有系統地支持香港邁向碳中和之路，並在同年9月啟動了「零碳就緒建築認證」。我衷心希望各行各業會研究及推出各自行業以至機構的氣候行動路線圖，就如上述建築業界的領先例子，與政府的宏觀策略相輔相成，如此才能及早力爭香港實現碳中和，應對氣候變化。

第四問：您會如何評估香港在兩電的管制計劃協議影響下能源轉型方面的進展？如何在香港發展較具規模和效益的零碳能源及可再生能源？電力公司的減碳決心足夠嗎？有考慮過開放電力市場嗎？

答：《香港氣候行動藍圖2050》訂立了進取的至2035年前和2050年前的可再生能源目標以及整體零碳能源目標。除了自2018年與電力公司推出上網電價，以鼓勵民間的社區分布式可再生能源發電，近年政府亦帶頭加強發展可再生能源，例如多個轉廢為能項目已經陸續啟用或在籌劃階段，亦積極在合適的水塘、污水處理與防洪設施及已復修堆填區等處發展更大型的可再生能源項目，致力在香港有限的空間尋求資源的最大化。需要補充的是，香港的一些水塘有較大及空曠的空間和潛力去裝設浮式太陽能發電系統，至今已設於石壁水塘、船灣淡水湖及大欖涌水塘，並且政府在着手研究大幅擴充在船灣淡水湖的浮式太陽能發電系統。

如上所述，政府採取了突破思維，與兩電新簽的管制計劃協議有助促進電力公司的減碳決心，希望為香港達致所需的環保效果，支持邁向碳中和。例如，新簽的管制計劃協議引入了可再生能源上網電價、智能化全港電錶計

劃等，緊密配合《香港氣候行動藍圖 2050》的能源轉型
要求，即是一方面推動可再生能源發展，另一方面善用科
技以助各界省電又省錢，整體旨在營造多贏的局面。但縱
觀全球各地近年在低碳轉型過程中，疊加氣候變化下極端
天氣的影響，眾多大城市的電力市場都遭遇重大壓力，包
括面臨供電不穩、電費飆升等挑戰，相比之下，客觀可見
香港與兩電的管制計劃協議下，本地電力服務於多方面仍
相對不俗，當然總有進一步改進的空間，包括需與時並進
以應對極端天氣惡化趨勢的影響。至於將來會否開放電力
市場，應抱開放態度，視乎未來的具體情況，但配合碳中
和之路必須是重中之重的考慮。

補記：後續，我追問香港興建離岸風場的進度。除
了南丫島上現有的一個采風站外，風力發電在香港尚未開
始發展。其實在香港海域興建離岸風場的環境影響評估報
告已通過了，但至今遲遲未落實，或許是因為造價過高？

黃錦星稱，他任內與新加坡方面交流時，也問及當
地可再生能源發展的政策思考。如同香港地少人多海面亦
少，新加坡政府的取態是要非常珍視十分有限的合適海陸
空間，包括會稍待相關科技的能源效益水平提升至相當水
平才落實采用，否則佔用了有限空間但長遠減碳能力將長
期受限。因此，在香港規劃長遠減碳策略時，宜把握適當
時機善用有限的海域空間去發展離岸風場，配以高能源效
益及合理造價的風車，有效地助力香港邁向碳中和。邁向
碳中和是長跑，而且將是持續 20 多年的馬拉松。

第五問：任內，您大力提倡能源效益和節能：持續每三年提升建築物法定能源效益標準，又擴大「強制性能源效益標籤計劃」所涵蓋的產品種類，通過「機電創科網上平台」支持創新節能科技的發展和應用，以及確立興建區域供冷系統的政策等。作為綠色建築先鋒，香港在建築物減碳方面的力度是否足夠？與亞洲區內其他領先城市比較表現怎樣？

答：不單只看個別建築 (building)，更要看整體的建築環境 (built environment)。《香港都市節能藍圖 2015~2025+》提及國際間慣用能源強度 (energy intensity) 作比較，以這方面的能源效益表現相比亞太經合組織的其他成員，香港名列前茅。如上述，2015 年時透過《香港都市節能藍圖 2015~2025+》，相比亞太經合組織成員所訂目標，我們主動為香港定下更為進取的節能目標，旨在 2025 年將能源強度減少四成。香港的能源強度，至 2021 年已經減少了超過 33%，進展良好，達標在望。節能成效，一方面需善用科技如擴展區域供冷系統，另一方面有賴市民和社會各界共同努力，包括

選購電器產品時參考能源效益標籤，以力行節能文化。

　　我再舉兩個展示民間力量的例子，他們發揮牽頭作用在各自建築物加強節能減碳，推動邁向碳中和。先前提到，香港綠色建築議會訂立了行業的《建築環境氣候變化框架》等，但我們面對最大的挑戰仍在於眾多現有建築物的能源效益，社會各界需要促進現有建築物的節能表現，舉例近年政府推介善用智能技術的重新校驗 (retro-commissioning)，以具成本效益的系統性測試過程，助適時找出建築物運作時可優化節能的地方，從而減少能源浪費、慳電並慳電費，甚至提高室內環境質素，一舉多得。另一例子是推動智能電錶，至今全港換錶已過半，各家各戶、物管公司、各行各業將可隨時隨地輕鬆查閱用電量及管理電費開支，社會並可藉此智能化科技基礎設施建立新的鼓勵制度，以助全民進一步參與省電減碳。智能電錶除了可助減碳，亦能更有效地通報異常的供電和用電情況，有助應對氣候變化下極端天氣的影響，增強香港的氣候應變能力，例如更頻繁的超強颱風或許會造成一些地方停電，智慧電錶可助電力公司更精準地確認斷電位置迅速跟進。香港偏遠鄉郊的客戶，因此亦成為了早前第一批換錶的優先目標客群。

　　第六問：您在任內推出的政策圍繞五大議題：氣候變化、都市節能、空氣質素、廢物管理、生物多樣性及偏遠鄉郊保育等。如何制定能產生互利（co-benefits）的政策？香港的碳中和目標與其他環保目標間有何關聯性？

　　　　答：上述政策的確都是環環相扣，我總是希望政策措施可以盡量一舉多得（局長本來想說一石二鳥，但感覺

這個成語似與環保理念衝突)。應對氣候變化這個複雜的全球危機,我們明顯需要新思維,包括創新地結合各相關政策。例如十多年前,環保署負責空氣質素和交通運輸如車輛排放等等的同事,專注空氣污染物的排放,但並不包括車輛相關的碳排放。因應氣候變化的勢頭,我在任內推動跨政策範疇結合的思維,以2021年3月公布的《香港電動車普及化路線圖》為例,就展示了促進車輛轉型的政策既可減碳、又能減少空氣污染物排放,善用社會資源以達到最大的協同效益。

鑑於與碳中和目標的關聯性,我推動處理氣候危機時綜合思考發電、運輸、減廢回收等諸方面,使之並駕齊驅地進行。2021年內,政府連環推出了一系列政策藍圖,包括《香港資源循環藍圖2035》、《香港電動車普及化路線圖》、《香港清新空氣藍圖2035》和《香港氣候行動藍圖2050》,努力將不同環保範疇與碳中和路徑扣連,以達一舉多得之高效益。

另一例子,關於近期減少即棄塑膠產品以至邁向2035年零廢堆填的減廢目標。我們需要關注兩個重點:量和質。量是指消耗資源的數目和規模;質則指個別污染物種類對環境質素的特大影響,如海洋塑膠垃圾。須知,香港人均產生各類廢物總和高於其他大城市,香港社會亦製造很多不同種類的即棄塑膠用品,不僅令堆填區超負荷,也嚴重影響海洋生態以至人類健康,並增加碳排放量。針對這些現象,我們需要著力推動生活模式的改變,「低碳樂活」就是去擁抱簡約快樂的健康生活,亦有利整體社會邁向碳中和。

邁向碳中和 咪做大嘥鬼

第七問：在香港邁向碳中和的過程中，與粵港澳大灣區以至東亞城市間的區域合作有多重要？與其他城市進行交流時，令您難忘的是什麼？

答：回答這個好問題，可以從危與機兩個角度去探討。首先關於挑戰，《香港氣候行動藍圖2050》凸顯的六大挑戰中，包括本地空間限制和減碳有價這兩方面，透過區域合作，有望打破本地空間之限，亦有助減緩低碳轉型過程中的社會經濟壓力。另一角度關於機遇，香港可發揮所長，如透過綠色金融等，不但助力其他地方包括內地以至亞洲各地的氣候行動，而且香港的商界和人才可享有經濟和就業良機。

在低碳轉型的境外交流過程中，自然互有啟發，因為氣候行動越來越重要，城際間宜互相學習。例如，交

流時不少外地人對香港的「大嘥鬼」甚有興趣，並且有人問及其造型為何不走「可愛」路線？我在首爾考察時，曾參觀類似社區回收網絡的「美麗之店」，回港後與同事和設計師構思香港的「回收便利點」雛型時，就請他們參考首爾例子，並期望比「美麗之店」更顯美麗，以吸引更多港人轉向源頭減廢和乾淨回收。之後，看到首批「6仔」店陸續啟業並引來大眾排隊回收，真是令人難忘，亦樂見至今各式「6仔」如雨後春筍。

第八問：有關邁向碳中和為香港帶來的機遇。您在任內成立了「低碳綠色科研基金」，為香港減碳及綠色科技研發項目提供更充裕和對焦資助。「十四五」規劃中，立下香港成為國際綠色金融及科技中心的願景。在轉型至低碳經濟的過程中，政府如何把握機遇，培養綠色產業人才、積極招資引商？

答：《香港氣候行動藍圖2050》列舉了氣候變化下，香港在五大方面的機遇，包括綠色金融、經濟、創科、教育培訓和碳中和社區。回想任內，工作例子之一是我與政府同事把握時機，先後建構了共四項「基金」，涵蓋「低碳綠色科研基金」（Green Tech Fund）、新能源運輸基金（New Energy Transport Fund, NET Fund）、回收基金（Recycling Fund）和鄉郊保育資助計劃（Countryside Conservation Funding Scheme, CCFS），正好助力四大領域的低碳綠色轉型。當綠色科研項目增加，自然有助吸引及培育相關人才。

同時，在政府跨部門推展下，近年香港的環境、社會、管治(ESG)和綠色金融等行業愈趨蓬勃。投資推廣署

亦呼應《香港氣候行動藍圖 2050》，新設了碳中和專責團隊。整體而言，香港正更積極地招資引商，把握邁向碳中和所帶來的機遇。

從零碳天地至零碳香港

第九問：在制定碳中和政策時，如何平衡經濟發展和環境保護間關係？政府可採取哪些具體措施促進低碳經濟發展？在推動碳中和政策時，環境局和其他相關局及部門間的合作是怎樣的？

答：由政府最高層領導的跨政策局及部門的督導委員會，正好「平衡」各方。2015 年巴黎聯合國氣候變化大會 (COP21) 後，我回港跟進的首要工作之一，就是主動去尋求時任特首和政務司司長（代表香港特區政府至

高層的兩位人物）支持，設立高層次的氣候變化督導委員會。2016 年時，此督導委員會由政務司司長擔任主席，各政策局長等等都參與其中。至 2021 年，為進一步加強力度以配合邁向碳中和所需，進而成立「氣候變化及碳中和督導委員會」，並由特首親自主持，跨局跨部門籌劃並在 2021 年 10 月出台《香港氣候行動藍圖 2050》。當中結合經濟及發展相關政策局的配合，專設章節凸顯經濟和發展的考量，例如訂下大型新發展區規劃要體現碳中和，正好結合了經濟發展、社會民生和低碳環保三大方面的可持續發展要求。

第十問：您與前天文台台長林超英二人之間的「電費大比拼」令很多市民印象深刻，我理解這是您希望將嚴肅的減碳話題寓於街談巷議的日常之中。實際上，未來香港的城市面貌和發展模式，會因應碳中和的發展大勢而改變。如果政府在環保上更積極進取，是否意味市民在個人生活的便利性及成本上一定要作出犧牲？邁向碳中和的香港社會，究竟會引發、帶來怎樣的社會變革或者生活方式革命？

答：在邁向碳中和的社會變革中，在個人層面，我推薦大家對「低碳樂活」可多想像。低碳衣食住行的生活不一定很艱難，亦並非犧牲。最簡單便利的就是有衣食的生活態度，日常「食幾多嗌幾多」、「食幾多煮幾多」，這樣的惜食習慣，亦更省錢。若兼得多菜少肉，可更健康又更低碳。

住方面，除了知慳惜電，在家裏乾淨回收已經成為家人的日常生活習慣，包括廚餘分類回收後，可令整體環

境衛生更乾淨。另外，家人有需要時，會善用政府積極擴展中的「6仔」，支持轉廢為材，亦可儲「綠綠賞」的回收有賞積分。當然，重點更是要源頭減廢，邁向「斷捨離」的簡約生活態度，可令大家身心更清爽。

行方面，我鍾愛低碳本地遊，所以當初特別支持你們自2015年創辦低碳本地遊社企的想法。近年復育中的沙頭角鄉郊，如荔枝窩、梅子林、谷埔等客家古村，以至大嶼南等等鄉郊野外地方，都是本地綠色出行好去處，我和家人朋友都常常樂在其中。香港的鄉郊相對於都市空間近在咫尺，便利大家低碳出行。

其實，日常開心的衣食住行習慣，在乎大家一念之間。更多人轉向低碳生活，既是大勢所趨，亦是及早邁向碳中和所需。

訪問後記：

經歷十問十答，最大的感受是「星星局長」是一個心繫環保的先驅。他所推動的每一項政策，不但發自內心由衷認同，而且身體力行樂於實踐。在政策制定的過程中，能感覺到他突破固有觀念、推動創新理念的努力，一直嘗試打破大家對「環保」的既定想法。他也善於利用不同議題的聯通性引起不同持份者的共鳴，為議題爭取更廣泛的支持，藉此建立民意基礎。在推動香港社會達致碳中和的歷程中，這份真誠和「貼地」來得特別珍貴。感謝「星星局長」一直與年青人同行。

| 答謝錄 |

「星星之伙」：
環保路上同行者

　　《邁向碳中和 香港人和事》一書，關乎一伙人於多方面同行支持香港可持續發展的故事，分四個階段共四十篇。衷心感謝他們中的每一位，與我合撰了不同篇章，並合力匯集相關相片；或與我共同回想往事，為個別篇章內容提供重要啟示。透過這半百人的行動故事，我希望有助大家回望及前瞻邁向碳中和路途上的危與機，繼而大伙兒協力前行，加緊氣候及環保行動，支持城鄉可持續發展。

- **龍炳頤 David**

龍炳頤教授，SBS, JP, 建築師，現為香港大學建築學院名譽教授和香港珠海學院建築系講座教授。龍教授從事鄉土建築研究、文物保育及世界文化遺產等領域，曾參與澳門歷史城區、開平碉樓與村落、馬六甲海峽歷史名城等世界文化遺產的申報及評審工作。在環保領域，他曾任環境運動委員會主席、環境及自然保育基金主席等。龍教授亦為現任香港團結基金顧問及香港地方志編審委員。

- **鄧錫權 Thomas**

從事可持續發展工作超過 25 年，目前為 AECOM 執行董事和城市大學客席教授。2014-2017 年，建立並管理 AECOM 位於馬來西亞的亞洲可持續發展中心，是屢獲殊榮的吉隆坡可持續創新中心。Thomas 的工作興趣包括宜居城市、韌性城市、智慧城市、可持續社區，以及科技在推行可持續世界中的角色。Thomas 是香港建築環保評估協會建築環境管理專家小組副主席、氣候變遷商業論壇成員、香港總商會智慧城市工作小組成員，曾為香港賽馬會 InnoPower 計劃顧問，該計劃通過培訓和支援非政府組織的社會創新，為長者、青少年、智障人士和弱勢社群提供服務。

- **吳恩融 Edward**

現為香港中文大學 (CUHK) 姚連生建築學教授。他早年負笈英國，獲得劍橋大學博士學位。主要研究領域為綠色建築、環境與可持續建築設計方法，以及城市規劃與都市氣候學。作爲香港特區政府的環境顧問，吳教授爲政府制定了香港住宅建築環境中自然採光能效規範、空氣流通評估準則及其技術性方法，以及應用於城市規劃的香港都市氣候圖。除了從事相關研究，吳教授於 2003 年在香港中文大學建築學系開設亞洲首個可持續與環境設計碩士課程 (兼讀制)。

- **陳嘉正 Andrew**

陳嘉正博士，BBS, JP, 歷任奧雅納工程顧問（Arup）集團信託公司主席、環球副主席及東亞區主席，領導公司締造許多創新及標誌性建築和基建工程，並建立綠建團隊，積極引領城市的可持續發展。陳博士多年來曾任香港工程科學院院長、香港工程師學會會長（並是學會「榮譽金獎」得主）、香港綠色建築議會創會主席、香港理工大學「可持續城市發展研究所」國際顧問委員會主席等。陳博士亦是香港科技大學榮譽大學院士，並獲選為英國皇家工程院院士。

- **梁文傑 MK**

呂元祥建築師事務所 (RLP Asia) 環保設計總監，同時為 RLP Asia 創立的專屬研究機構 Behave 的首席行為分析師。MK 於 2014 年被新加坡建築師學會授予環保建築師 (SIA-Uniseal G-Architect) 稱號。他是可持續發展建築專家，其專業知識和綜合設計技能獲得高度認可，擅於融匯他的專業知識及可持續發展設計於不同類型的項目，當中包括人性化及以生態為本的綠色建築、高性能新建建築、建築與都市活化、可持續性總體規劃及淨零建築研究和設計項目。

- **葉頌文 Tony**

一位以社區為中心的環保建築師和城市設計師。Tony 創立葉頌文環保建築師事務所，其願景是倡導綠色建築和親自然城市景觀的範式轉變，以應對氣候變遷。 他對綠色建築和創意產業的熱情和貢獻獲得認可，榮獲 2022 年香港特別行政區榮譽勳章、2018 年澳中藝術與創意產業校友獎和 2016 年十大傑出青年獎。他於香港大學修讀環境工程、建築、城市設計，昆士蘭科技大學修讀建築學，劍橋大學深造跨界別環境設計，以及香港理工大學設計學院博士。

- ## 陸沛靈 Jane

    畢業於香港大學建築系學士及碩士，是香港註冊建築師。除香港以外，曾在東京和倫敦工作。Jane 十分珍惜在東京藤本壯介建築設計事務所 (Sou Fujimoto Architects) 的 4 年工作經驗，讓她可以與藤本老師和一群來自世界各地，對建築設計充滿熱誠和認真工作的年輕建築師們一起工作和學習。為此，她寫了《東京。夢。生活》一書，記述她在東京工作和生活的體驗。

- ## 陳浩文 Andy

    畢業於英國利物浦大學，香港註冊建築師。當還未參與零碳天地項目之前，他對環保設計的認識主要環繞着 JPN 及 BEAM Plus 的環保指引守則。參與完成了零碳天地之後，眼界大開，認識到更多環保設計的技術知識，例如：能源用量監察系統、生化廚餘發電等。此外，Andy 在閱讀更多環保有關的書籍及資訊，增進對環保概念的認識，希望可為環保盡多分力。他覺得環保既是責任，也是需要成本的投資，而最大成本其實是每一個人的生活習慣改變，是每一個人都可參與的。

- ## 姚鑫波 Vince

    畢業於香港中文大學建築系學士及碩士，是香港註冊建築師、綠建專才，以及前海和南沙的一級註冊建築師。大學時期開始，經常從事通風和採光的環保建築研究，期後有幸參與零碳天地項目，由設計到完工的畫面依然歷歷在目。伴隨著體內的環保基因，及後繼續應用於其他設計項目上，希望為城市的空間添一點綠，減一些碳。

- ## 陸恭蕙 Christine

    陸恭蕙教授 , SBS, JP, OBE, 是香港科技大學環境研究所和環境及可持續發展學部首席發展顧問，兼可持續發展林業公司董事、港華智

慧能源有限公司董事，CDP 全球環境境信息研究中心董事及世界海事論壇董事，也是香港綠色金融協會創始顧問。Christine 曾擔任香港特別行政區政府行政長官辦公室「粵港澳大灣區發展規劃綱要」的生態文明建設特別顧問 (2019-2020 年) 及環境局副局長 (2012-2017 年)、思匯政策研究所行政總監 (2000-2012) 、1992-2000 年為香港立法局 /立法會議員。早年在私營機構任職十多年，主責商品交易市場活動。

- **區詠芷 Michelle**

在可持續發展等環境管理及教育工作已超過 18 年。2013-2022年期間，於環境局任職政治助理，協助時任環境局局長，工作包括參與及制訂資源循環和氣候行動等相關政策藍圖，並主理環境局吉祥物「大嚿鬼」等社交專頁，協助把局方資訊以「貼地」方式向普羅大眾推廣。2022 年年中卸任，其後加入中國建築工程香港有限公司，為其推行可持續發展的策略及願景，其中一個重要舉措是在建築工地推動潔淨能源計劃，促進試用氫燃料電池、電力發電機和太陽能等清潔能源。

- **杜珮煒 Olivia**

投資推廣署高級副總裁，專責碳中和科技、創新和創業領域。之前在環保署跨境及國際事務科，協助編製《香港氣候行動藍圖 2050》、負責碳審計和策略推廣工作。擁有香港科技大學環境工程學及管理理學碩士學位、香港教育大學全球及環境研究榮譽社會科學學士學位，是認可碳審計員、國際健康建築認可專業顧問 (WELL AP) 、認可碳交易員、能源學會香港委員等。多年來專注低碳經濟及能源發展，在世界自然基金會任職期間，成功推動可再生能源政策，曾受美國務院邀請作為能源政策香港代表，參與國際領袖人才訪問計劃，並兩度獲得 Arthur and Louise May 青年工程師獎學金。作為救援潛水員，她對海洋保護保持熱情，閒時繼續水底生態調查的興趣及義務工作。

- **林超英**

　　自幼隨父母行山，少年愛上天文，以氣象為專業，公餘愛上觀鳥。專業讓他認識氣候變化後果嚴重、急需以行動減緩，觀鳥則促成他遊歷多元的生態環境，感受到人類生存離不開大自然，學懂愛護所有生命，因而選擇了簡約生活。從香港天文台台長崗位退下後，到處演講並經常撰文，鼓勵大家在日常生活中踐行低碳、低消耗生活方式，達致與自然共存共榮。又投入保育香港鄉郊文化和自然生態的工作，近十餘年來積極協助香港鄉郊基金參與荔枝窩村復興。

- **吳芷欣**

　　擁生物學博士學位，熱愛海洋生態，曾進行潛水研究多年以探討氣候變遷對珊瑚生態的影響，成果發表於多個國際會議及期刊。現仍熱心於生態保育及教育活動，期望透過教育推動保育，多年來積極參與不同公民科學計劃，並於大學及其他教育機構教授多個環保及生態學相關課程，亦為本地海洋保育組織 Living Seas Hong Kong 擔任義務科學顧問。透過青年委員自薦計劃，於 2018-2022 年成為環境運動委員會青年委員，另獲委任加入博物館諮詢委員會及其科學專責委員會。日常生活中，習慣少用即棄塑膠用品，從源頭紓解海洋塑膠污染。

- 何志輝 Henry

擁環境管理碩士學位，曾獲 2019 香港環境卓越大獎之傑出綠色菁英獎，目前在工程業界擔任高級可持續發展經理。2018 年，經青年委員自薦計劃成為香港環境運動委員會成員，其後亦獲委任為魚類統營顧問委員會成員及環境影響評估上訴委員會成員。Henry 致力於分享個人在環境管理和可持續發展方面的專業知識和經驗，透過關懷、學習和創新來激勵和影響社會，創造一個永續發展的世界。日常生活中，多選本地食材，並以素食為主，減碳又健康。

- 郭善彤 Stella

擁有人類營養學哲學博士學位，目前從事職專教育領域的質素提升工作。因為自身的專業背景及興趣，深切了解營養學和飲食健康的重要性，同時積極推動支持低碳本地時令漁農食品，旨在促進環保可持續發展，並啟發他人關注飲食健康和低碳生活方式的重要性。透過青年委員自薦計劃，2019-2023 年成為惜食香港督導委員會的青年委員，更藉此加入與環保相關的其他政府委員會，現為農業園諮詢委員會、魚類統營顧問委員會、海魚獎學基金顧問委員會、嘉道理農業輔助貸款基金委員會、本地漁農美食嘉年華籌委會等委員。

- 凌紫燕 Veronica

擁有酒店及旅遊管理學學士學位，現從事食品供應及零售的工作，育有一子。認同勿以善小而不為，不同行業、不同崗位、不同年齡都可以為社會出一分力，例如，日常生活中減少胡亂購物，慳錢又環保，減廢又減碳。身為人母後，更體會到不應只顧眼前的方便及利益，要為下一代著想。希望以身作則，令世界變得更美好。透過青年委員自薦計劃，2019-2023 年，成為惜食香港督導委員會的青年委員。

• 鍾芯豫 Natalie

氣候倡議和環境教育者，自幼受極地探險家啟發而關注氣候變化。2015 年初創比賽中跟時任環境局局長結緣，在其鼓勵下成立社企 V'air 開展可持續發展教育，透過創新的自然體驗推動環境保育和碳中和。2019 年透過青年委員自薦計畫加入可持續發展委員會，就香港訂立碳中和目標建言。2023 年獲委任進入改組後的碳中和及可持續發展委員會，並擔任轄下青年及公眾教育工作小組副召集人。亦為低碳綠色科研基金評審委員會、郊野公園及海岸公園委員會和大嶼山發展諮詢委員會委員。Natalie 以觀察員身分參與聯合國氣候變化大會 COP25 和 COP28，推動香港青年認識國際氣候政策和談判。另外作為 2023 南極氣候考察的唯一香港代表，與國際科學家和各界別領袖倡議海洋、藍碳與氣候變化的關聯。擁有英國牛津大學環境變化及管理哲學碩士學位，研究北京及香港能源碳中和路徑，本科畢業於香港中文大學地理與資源管理系。合著有《低碳。 好行》、《山野漫遊——女生行山指南》兩書。

• 譚建忠 Jerry

為執業律師，致力於綠色和可持續發展金融領域的工作。Jerry 曾到北極考察，並研讀國際海洋法，關注海洋生態環境。他亦積極參與極地博物館基金會的工作，在香港和國際上積極推動和倡導環境保護事業。透過青年委員自薦計劃，2019-2023 年成為可持續發展委員會的青年委員。Jerry 注重日常源頭減廢、亦作分類回收，如避免非必要的打印、外出自帶水壺以免除樽裝水。

- **王嘉明 Karin**

朗思廣告集團創辦人，廣告導演／創作及宣傳策劃總監。多年來參與製作與公共政策相關的大小宣傳計劃，包括創作大嘥鬼惜食代言人，推動環保宣傳走向多方平台，推廣並致力於普及惜食文化。她的工作集中在公益宣傳，為社會發展帶來正面影響。因製作環保宣傳片，接觸到香港自然及生態，自此醉心潛水攝影活動。

- **蔡曉瑩 Christine**

蔡曉瑩博士畢業於香港中文大學新聞與傳播學院，現為香港恒生大學藝術設計系副系主任及助理教授、公共政策研究中心副主任。其研究興趣為創意產業、新媒體、幸福感及城市可持續發展。蔡博士獲大學教資會撥款進行兩個研究資助計劃，包括「藝在家中：新媒體及網上文化生產對遙距藝術參與的影響」(2021-24) 以及「藝述幸福感：藝術參與對親職壓力及心理健康的影響」(2024-25)。蔡博士的研究結果多發表在國際學術會議、期刊、書籍及本地報章。

- **尹寶燕 Ren**

網上換物平台及香港最大規模換物會舉辦單位「JupYeah 執嘢」共同創辦人、「LookMatters」計劃發起人。現一邊經營「JupYeah 執嘢」，一邊以自由撰稿人身份探討環保、綠色生活、慢時裝等議題。在取得翻譯及中文學士學位後，她投身雜誌編輯行列，曾任時裝季刊《東西雜誌》執行編輯及《明日風尚》特約編輯。熱愛傳媒工作之餘，她亦熱心關注環保生態。2011 年暫別採訪生涯，攻讀可持續發展研究文憑，並與好友創辦「JupYeah 執嘢」，專注推廣「以物換物」及關注過度消費和浪費問題。眼見香港時裝消費過盛及棄置舊衣問題嚴重，2014 年發起「LookMatters」計劃，致力推廣二手時裝。「JupYeah 執嘢」共同創辦人還有胡文珊 Samathy 及尹一庭 Kodi。

• 梁懷敏 Edmond

2001 年於加拿大卑詩大學畢業，主修心理學及經濟，曾任証券投資。2012 年於香港大學完成由謝家駒博士任教的「社會企業工作坊」，與好友聯合創辦「一念素食」，成為香港大學校園第一家素食餐廳。同時與大學通識教學部合作天台種植計劃，實踐食物「零棄置」的循環種植計劃。2013 年，聯合創辦 Smiley Planet，提倡在衣食住行方面實踐綠色生活。2015 年，完成永續栽培設計證書課程，希望透過農地設計讓大家更了解大地與我們的關係，同時了解到把種子播在心裏跟種在泥土裏一樣重要。現任環境運動委員會委員。

• 余志光 Eddy、林偉雄

於 2003 年合創 CoDesign Ltd，主要從事文化及商業品牌形象設計。2010 年，開拓 CoLAB 平台專為社福項目作品牌策略形象設計顧問，包括為婦女提供家庭友善工作的「SoSoap!」、新生精神康復會社企「cafe330」、聖雅各福群會環保二手衣物社企「Greenladies」、照顧者支援平台「656」、惜食共享計劃「Food-Co」、賽馬會「a 家」樂齡科技中心及基督教家庭服務中心過渡性房屋「成家」等。CoLAB 開展了跨越 10 年「不，完美」運動，宣揚擁抱不完美的新態度，以創意及設計推動社會正面發展。近年為「綠在區區」社區回收網絡設計品牌形象，以加強大眾環保意識，該項目獲香港設計師協會環球設計大獎及香港設計中心頒發 DFA 亞洲最具影響力設計大獎、德國 iF Design Award、日本 Good Design Award 等國際獎項，並以藝術形式出展中國成都藝術雙年展。

- **張國麟 Alan**

「一口設計工作室」及慈善機構「一口舍群」共同創辦人，擁有超過 15 年經驗的香港註冊建築師經驗，曾於紐約及倫敦的建築事務所任職。Alan 負責管理「一口」的所有技術方面，重點在於透過嶄新方法改善公共空間並推動城市創新。他更擁有城市分析碩士學位，探索如何於建築領域提升使用城市大數據的潛力，並透過「一口」的 URBAN MATTERS 平台使城市數據普及化。Alan 也涉足展覽策劃的領域，現正擔任為期三年的 2022-2024 西貢海藝術節策展人。

- **梅詩華 Sarah**

香港中文大學和倫敦大學學院建築系畢業，現為香港註冊建築師，「一口設計工作室」和「一口舍群」的共同創辦人。Sarah 獲得多項獎項，包括 2016 年香港青年建築師獎，並於 2018 年獲得香港特區政府的嘉許狀。現任 2023-2025 年度香港建築中心 (Hong Kong Architecture Centre) 主席。Sarah 認為設計能創造改變，致力於以人為本的設計思維，連繫大眾與社區空間，並在公共空間和社會設計等範疇透過創意思維連繫商業、公共事業界別及社區。

- **李昭明 Benny**

英國及香港註冊建築師，建築事務所 BREADstudio Ltd 共同創辦人。早年於香港大學攻讀建築，以一級榮譽學位畢業且畢業作品奪得設計年獎，其後赴倫敦大學深造。BREADstudio Ltd 除了贏得 30 多次公開不記名的國際設計比賽，項目亦獲得香港建築師學會長特別大獎、建築署年度獎、40 under 40 Award、Good Design Award、Design for Asia Gold Medal 等。作品主要為公共建築，希望藉這些設計可以打動更多人，並常被媒體專訪。執業外，Benny 為威尼斯建築雙年展 2020 香港館策展人、香港建築師學會本地事務部委員等。

- **梅鉅川 Paul**

　　香港及英國註冊建築師，建築事務所 BREADstudio Ltd 共同創辦人。早年分別以一等榮譽及 High Pass 的成績畢業於香港大學及英國 Architectural Association。Paul 擁有超過 20 年的設計及執行大型建築項目經驗，帶領 BREADstudio Ltd 獲得 30 多項國際殊榮，設計獲得本地及全球媒體的關注，包括中國日報、BBC、CNN、紐約時報、香港電台和南華早報等。 Paul 亦致力推廣建築教育及公共服務，目前於香港大學建築系擔任客座助理教授及香港建築師學會擔任理事。

- **吳鎮麟 Otto**

　　LAAB 的設計總監和共同創辦人。LAAB 的團隊成員包括建築師、藝術家、設計師、工程師、創客，以及社會學者，多元化的團隊讓 LAAB 能夠實現前瞻的設計。Otto 在香港大學和美國麻省理工學院畢業後，曾在美國、英國以及義大利工作，並參與智慧城市及建築項目。Otto 在 2015 年獲得紐約藝術總監青年獎，並在 2017 年獲香港《Tatler》雜誌選為「50 個改寫香港未來的青年」之一，以及在 2021 年列為「亞州最具影響力人士」之一。Otto 曾是香港大學的助理教授，也在不同的設計和建築論壇分享經驗，包括 TEDx、Apple、Prada、M+、無印良品等所辦講座。

- **葉晉亨 Hang**

　　香港註冊建築師及認可人士、LAAB 的建築總監和共同創辦人。在美國加州大學柏克萊分校和香港大學畢業後，曾代表香港參加威尼斯雙年展，在 2014 年榮獲香港青年建築師獎，也是慶祝香港特別行政區成立二十周年「城市藝裳計劃：樂坐其中」的公共藝術項目的策展人之一。Hang 也在香港城市大學及香港知專設計學院教授建築設計，並獲邀在不同場合分享創業和建築經驗。

- ## 崔佩怡 Apple

有「珊瑚媽媽」之稱，是香港中文大學生命科學學院研究助理教授，亦是皮尤海洋研究員、國家地理探險家、郊野公園及海岸公園委員會委員、環境運動委員會宣傳工作小組委員、香港海洋公園教育及自然護理委員會委員、香港中文大學賽馬會氣候變遷博物館專家委員會委員等，在不同崗位保育環境。崔博士的研究專注於氣候變化對香珊群落的影響，並探索增強珊瑚群落復原力的措施和生態修復策略，現正於香港吐露港赤門海峽一帶水域重點進行珊瑚修復研究。2018 年，崔博士創辦了「珊瑚學院」，以研究轉化為教學資源及社會實踐，進行環境教育推廣，並讓公眾有機會參與珊瑚修復相關活動。2019 年，崔博士獲頒發亞洲創新生態傑出女性大獎——2019 中國生態之星。

- ## 余碧芬 Vriko

面對急劇變化的全球氣候，珊瑚礁正在全球範圍內受到前所未有的威脅。Vriko 作為一名科學家，共同發明了世界上第一個 3D 打印的赤陶珊瑚礁盤以用於珊瑚修復。她相信積極修復 (Active Restoration) 和自然正向 (Nature Positivity) 是海洋生態系統未來的關鍵組成部分，創立了 Archireef，利用前沿科技修復退化的海洋生態系統。Archireef 作為一家自然科技公司，團隊專注於珊瑚礁的修復，其旗艦產品為赤陶珊瑚礁盤 (Reef Tiles) 可作為珊瑚的基質。Vriko 在珊瑚礁修復科學方面積極參與了超過 10 年，亦於香港不同界別擔任公共職務，在世界自然基金會香港分會及政府機構的環境教育、綠色科技與金融、海洋保護區等委員會中擔任委員。

• 羅惠儀 Winnie

羅博士是香港大學公民社會與治理研究中心副總監暨首席講師，教授及研究可持續發展相關議題，包括城市規劃及環境管理、鄉郊活化、公眾參與、社會創新、企業永續發展等等。Winnie 積極參與推動香港的可持續發展，自 2005 年起便擔任環保組織長春社理事並為現任副主席，亦曾獲政府委任為多個委員會成員，包括環境咨詢委員會、環境及自然保育基金委員會、尤德爵士紀念基金受託人委員會、創科生活基金評審委員會等。Winnie 是香港合資格環保專業人員學會及香港環境管理協會的專業會員，並曾聘任為歐盟及聯合國社會及環境規劃專家。

• 麥欣欣 Anna

荔枝窩社企暖窩的創始董事及現任義務顧問，畢業於香港中文大學工商管理學院，並於英國 Cardiff University 獲可持續發展相關碩士學位，擁有豐富機構及非牟利團體企劃及推行項目經驗。基於家族淵源，2013 年起 Anna 便全時間投入復育荔枝窩，於 2016 年聯同兩位村代表成立暖窩有限公司，為村的可持續發展奠下基礎，並為原居民在村的未來發展提供參與平台。此前，Anna 在香港中文大學出任校園規劃及可持續發展辦事處助理處長，亦曾服務於香港綠色建築議會。Anna 一直積極支持鄉郊可持續發展，期以過往相關工作經驗、個人所長以及與原居民的密切關係，協助荔枝窩揉合創意，發揮傳統特色，建立自身可持續發展能力。

- 李以強 Charles

自 2017 年起擔任沙頭角文化生態協會主席，也是獲推薦的地質公園導賞員 (R2G)、註冊導遊及領隊，擁有豐富項目管理經驗，曾舉辦及設計不少訓練計劃，例如「印洲塘樂遊大使」、「古道保育大使」。Charles 亦有領導鄉郊藝術保育計劃項目的經驗，於 2021 年 2 月與香港大學公民社會與治理研究中心共同合作，開始推行「森林村落 – 梅子林蛤塘永續鄉村計劃」，致力推廣村落文化及生態保育，更傳授有關知識及經驗予下一代。

- 史嘉茵 (阿史)

香港土生土長，畢業於香港演藝學院科藝學院，主修音響設計及音樂錄音。於 2013 年起遊走於村落社群之間，成立空城計劃及香村，擅於與村民攜手發掘及保存村落文化，進行村落藝術試驗。她的創作源於學習感受鄉村與城市的相容與衝突，主要以音樂或聲音藝術呈現。熱愛鄉郊環境及文化，致力以創新手法保育村落文化，十年間共收集近 30 篇村校校歌，連繫各村與舊生的校園記憶，並策展藝術展覽。現於沙頭角文化生態協會工作，專注於沙頭角內的村落文化保育及鄉郊藝術創作。2022-2023 年，為鄉郊保育諮詢委員會自薦青年委員。

- 葉曉文 Human

香港生態作家及畫家。畢業於中文系，曾出版六本自然小說和散文，及舉辦三次個人生態畫展。在香港熱心推動自然書寫與生態教育，近年與多間大學和機構合作，舉辦如講座、畫展、野外導賞、創作坊等。合作的機構包括包括嶺南大學、中文大作、香港大學公民社會與治理研究中心、漁農自然護理署、香港濕地公園、香港公共圖書館等。2019 年駐梅子林藝術活化計劃中擔任壁畫藝術家，2021 年於荔枝窩成立有機農場暨文創品牌「隱山」。

• 鍾宏亮 Thomas

香港中文大學建築學院副教授，英國劍橋大學哲學碩士。教學及研究專注鄉村保育與振興、共創設計與幸福感。 早期得獎作品「價值農場」及「蛇口浮田」糅合生態景觀與社會創新空間。2011-2017 年擔任香港建築中心執行委員及榮譽秘書，現任董事會成員；2016 年起擔任香港建築師學報總編輯；2018 年威尼斯雙年展香港館聯合策展人。近年，Thomas 在多個鄉郊復育計劃中 (沙頭角梅子林、谷埔和大嶼山水口村等) 採用跨學科行動式研究，開創大學與村落夥伴協作，致力帶領香港中文大學團隊發展可持續的「城鄉復興」模式。

• 李敏婷 Miriam

ESG、永續發展和社區發展領域的專業顧問，在領導和執行於中國、亞太地區至南北兩極的項目方面擁有豐富的經驗，曾為二十多個國家的政府組織、大學和企業進行廣泛的研究和計劃，工作範圍涵蓋建築、地理、自然科學、資源管理和文化遺產等。她最近的研究興趣是自然保護區的文化遺產和沿海社區的歷史和發展。現於香港中文大學攻讀建築學博士學位。Miriam 是島嶼研究網絡的創始成員、世界永續發展規劃師研究所會員，及女性地理學家協會成員。

• 何子偉 Jimmy

跨學科設計研究員，先後取得香港中文大學社會科學學士 (建築學)、建築學碩士及哲學博士學位，現為香港中文大學建築學院全職講師。Jimmy 導修社區為本的建築設計，研究範疇包括校園空間設計與幸福感、社區設計與再造、鄉郊建築及村落復育等，最新出版主題包括「活化客家建築與地方身份認同」、「探討村落復育：由下而上的沿海村落復育方法」等。空間設計曾獲 Frame Awards 2019 (People's Choice) 及 Design For Asia Awards (Merit Award)。

- **陳培昌 William**

土生土長，80 年代大專畢業後投身商界，1990 年代初考取廣州「中山大學」商管碩士學位，曾先後任職於外資及港資上市機構，千禧年後在內地發展，回港後移居西貢並投身社企及保育工作，於 2009 年最先投入香港地質公園的成立活動，之後協助發展「西貢區社區中心」的社會企業及生態、文化保育工作。考取有生態導賞員、國家樹藝師、國家攀樹師、山野無痕導師等資格。現職為「西貢區社區中心」總幹事，積極推動綠色生態及文化保育工作。

- **鄭茹蕙 Vivien**

現職環保團體「綠惜地球」社區協作總監，加入環保教育工作已超過廿年，曾策劃多個創新環保教育項目包括創辦植樹遠足挑戰賽、大專 Green O Camp、公共屋邨二手交換市集等。近年推動「貼地」的公眾參與活動，包括在 2016 年開展「綠惜盛事運動」(Events Go Green)，推動大型戶外活動實踐可持續環境措施；2019 年啟動「共築可持續山徑」計劃，建立本地首支「自己山徑自己修」義工隊，招募公眾參與郊野公園山徑修築。期望透過深入淺出的教育訊息、親身服務大自然的經歷，推動公眾「無痕山林」教育，實踐愛惜郊野。

- **任超 Chao**

現為香港大學 (HKU) 建築學院副教授。她從博士階段開始，投身都市氣候在城市規劃設計的應用，以及可持續城市與環境設計方面的研究，曾參與一系列城市氣候評估的顧問研究和規劃應用合作項目。目前是國際學術期刊《都市氣候》(*Urban Climate*) 副主編、世界氣象組織委任的城市氣候專家成員、政府間氣候變化專門委員會第六次評估報告 (IPCC AR6) 作者，以及聯合國環境規劃署《全球環境展望7》報告的主要作者。閒時，她鍾愛行山，支持低碳本地遊。

• 楊燕玲 Yvonne

香港建築師、綠色建築及室內環境擁護者、現任香港建築師學會環境及可持續發展委員會主席。出生於澳門，畢業於美國密歇根大學建築系，香港中文大學環境及可持續發展設計碩士。自 2002 年香港建築師學會的北歐綠建考察中得到啟發，致力投入推動環保，將環保理念帶入建築設計工作項目中。她的若干室內設計項目，獲多項環保設計獎項。Yvonne 積極參與學會及相關機構的義務工作，曾任環境運動委員會委員、香港綠色建築議會董事、香港建築環保評估協會董事、環保建築專業議會董事、香港建築師學會理事會成員、香港鄉郊基金董事等。

• 李錦雄 Ken

現職無止橋慈善基金行政總幹事。大學畢業後便進入內地工作，分別在世界宣明會和香港紅十字會從事鄉村建設、汶川地震救災重建、流動人口、兒童保護及災害管理等人道發展工作，並擁有長達六年駐點寧夏和廣東之經驗。亦曾以不同身份，包括家族基金顧問、培訓顧問、評估專家等，推動內地社會組織建設工作和發展。先後在母親的抉擇和周大福慈善基金工作，分別負責意外懷孕支援服務和拓展、資助和管理內地香港兩地的資助項目。加入無止橋前，任職香港社會服務聯會，主責長者創新及科技相關工作，包括：賽馬會 a 家樂齡科技教育及租賃服務。擁有嶺南大學中國及亞太事務學士學位和香港城市大學發展研究碩士學位 (優異)。

- ## 溫翰芝 Judy

溫翰芝博士從事保育教育工作超過 20 年，現任職香港海洋公園保育基金，負責保育及社區合作。Judy 成長在城市中，在 2003 年的一次保護區考察中，被大自然力量所感召，決定選擇動物和自然保育領域作為職業。她在參與提倡減碳等應對氣候變化的工作時，意識到社區合作及公眾參與對環境及物種保育十分重要，通過設計和實行各種保育教育活動，盼喚起公眾意識並推動日常生活中個人行為的改變。作為國際自然保護聯盟 (IUCN) 馬蹄蟹專家小組及中國物種專家小組的成員，Judy 通過聯繫各地保育及科研人士，為瀕危物種保育而努力。

- ## 姚姵如 Pearlie

現任香港海洋公園保育基金傳訊經理，致力加強保育基金的關注度，並宣揚低碳生活方式，推動可持續發展和保育工作。Pearlie 熱愛海洋，一次偶然出海的經驗，讓她親眼目睹海洋生物所面臨的威脅，激發了她對環保的熱誠。藉著超過 10 年的市場策劃和傳訊經驗，Pearlie 決心將環保資訊傳遞給更多人。作為環保和大眾之間的溝通橋樑，她利用各種媒體渠道，將複雜的環保問題轉化為易於理解的資訊，讓公眾能夠深入了解環境保育的重要性。

- ## 吳金曉

現為中華基督教會基真小學副校長。超過 20 年小學教育經驗，期間曾連續兩年借調教育局課程發展處工作。近年致力推廣體驗式山野教育，兩年前獲香港教師夢想基金資助及嘉許而開展「山野生蹤」計劃，計劃課堂獲 2023 年教聯會優秀教師獎、2024 年香港首屆師德師風獎。現時也經常協助教育局帶領老師到不同山野考察、學習。也曾為不同教育機構編寫教材，同時也是《山野生蹤——優秀的孩子》一書作者。考取有生態導賞員、山藝領隊、山野無痕種子導師等資格。

跋

這篇跋寫於 2024 年 6 月，即是《邁向碳中和 香港人和事》付印前夕，距離我 2022 年 6 月底任滿兩屆香港環境局局長，剛巧相隔兩年。

起

2022 年 7 月後，在香港邁向碳中和的大環境下，我與不同人士先後以「一伙人」及「星星之伙」名目，合作撰寫短文，從不同角度回顧和記敍香港人支持可持續發展的故事。原本是以「一伙人」之名籌劃 10 篇故事為目標，首篇與創作人揭開「大嘥鬼」眼闊頭窄的身世之謎及成長歷程，擇日在 2022 年 7 月 23 日大暑天發表。之後，平均每月一至兩篇，至 2023 年 7 月 23 日一週年時竟已推出 20 篇，相比最初目標翻了一倍。緊接着，香港海洋公園保育基金與我結緣，至 2024 年 4 月初，於「星星之伙」欄目下，再添 6 篇合作短文。

承

2024 年初，中華書局（香港）有限公司約我討論出版事宜，希望於 7 月書展期間面世。於是，我開始密集約見更多友人，探討在此書目下進一步合作撰寫更多篇「香港人和事」，包括回溯至 1980 及 1990 年代香港人從探究傳統民居建築至試水綠色建築的故事。同時，重新整理較早前所編寫的「香港人和事」，按個別故事的持續發展狀況更新圖文。最終，合撰故事的總數達 40 篇之多，我將之分布於「起承轉合」四個階段的不同篇章。此刻回望，這過程歷時近兩年，由衷感謝眾多合作伙伴的支持，書中涉及約半百環保路上同行者，當我陸續相約上述人士，提出合撰建議時，往往一拍即合，似乎印證大伙兒都有感甚至認同記錄、廣傳這些「香港人和事」的意義所在。

轉

在香港邁向碳中和的旅途上，當然蘊藏更多的人和事，以多元角度助力社會的低碳環保轉型，值得大家進一步地去理解和傳揚。此書僅僅反映了香港近幾十年來的部分相關進程和片段，所選取的都是我有緣身歷其境的故事，並且於編寫過程中有幸能與當事人共同回顧以至前望，希望藉此可較有深度、且兼及溫度地記下一系列有意義的「香港人和事」，幫助轉化人心，令更多人更深更廣地轉向低碳樂活以至氣候行動，支持香港力爭 2050 年前實現碳中和。

合

　　邁向碳中和的路途充滿挑戰，《香港氣候行動藍圖 2050》列舉了六大挑戰範疇。當中，要應對減碳有價的挑戰，本書提及社區回收網絡「6 仔」的回收有賞，時下正發揮鼓勵大眾減廢減碳之功；另一挑戰關乎全民參與，本書揭開了「大嘥鬼」的身世及演化，包括十多年來他 / 她如何力助政府宣傳教育以推動全民低碳轉型。另外書中提及本地偏遠鄉郊的復育，亦可助香港民眾回歸與鄉土自然親近的低碳樂活，近年來越來越多市民包括不少年輕人樂在其中，如推廣低碳本地遊的氣候青年、海洋公園保育基金相關活動的參與者、投身鄉村振興的無止橋慈善基金義工等。本書還網羅了零碳天地的建築師、碳中和路線圖的前小編、修復珊瑚的學者以至初創人等等的故事，展現不同人才和創科在邁向碳中和征途中的機遇。最後，基於本地限制和極端天氣的挑戰，書中分享了香港環保藍圖系列的策展人以至探究本地高密度城市環境中綠色建築及都市氣候的專家學者等的故事，各人多年來在不同崗位迎難而上，合力應對氣候變化。

　　這兩年間，全球各地極端天氣事件愈發頻仍，情況正急速惡化，實在令人憂心。香港災害天氣亦不少，包括屢破紀錄的高溫酷熱、世紀暴雨、超級颱風等，引致越來越多的傷亡個案、嚴重水災、沿岸風暴潮等。向前看，同行加強應對氣候變化，刻不容緩，而在邁向碳中和的路途上，亟需更多的「香港人和事」合力應對箇中挑戰，而且未來 10 年愈見是關鍵時期。希望有緣遇上更多的一伙一伙有心人，同行共事，合力支持香港及早實現碳中和，同時期望更多市民轉向日常低碳樂活兼「咪做大嘥鬼」！

邁向碳中和 香港人和事

HONG KONG STORIES IN THE JOURNEY TOWARDS
CARBON NEUTRALITY

黃錦星 著

責任編輯：金敏華

書籍設計：韓湛寧＋林海燕

排　　版：何瀅瀅

印　　務：劉漢舉

出版　　中華書局 (香港) 有限公司

　　　　香港北角英皇道 499 號北角工業大廈一樓 B

　　　　電話：(852) 2137 2338　傳真：(852) 2713 8202

　　　　電子郵件：info@chunghwabook.com.hk

　　　　網址：http://www.chunghwabook.com.hk

發行　　香港聯合書刊物流有限公司

　　　　香港新界荃灣德士古道 220-248 號

　　　　荃灣工業中心 16 樓

　　　　電話：(852) 2150 2100　传真：(852) 2407 3062

　　　　電子郵件：info@suplogistics.com.hk

印刷　　新精明印務有限公司

　　　　香港香港仔大道 232 號城都工業大廈 10 樓

版次　　2024 年 7 月初版

　　　　© 2024 中華書局（香港）有限公司

規格　　32 開（210mm×148mm）

ISBN　　978-988-8862-17-7